STUDY ON BRITTLENESS
OF TRAIN OPERATION CONTROL PROCESS
IN HIGH SPEED RAILWAY

高速铁路列车运行控制过程脆性研究

冯丽萍　著

人民交通出版社股份有限公司
北　京

内 容 提 要

本书针对既有高速铁路列车运行控制过程安全性研究缺乏系统整体性的问题,以系统内各子系统、子单元间的信息交互关系为基础,构建了涵盖计算机联锁子系统、调度指挥子系统和列控子系统的高速铁路列车运行控制过程模型;从复杂系统脆性理论内涵出发,提出了基于 Petri 网及其仿真工具(CPN Tools)的脆性分析方法;从静态结构脆性的角度出发,阐释了高速铁路列车运行控制过程脆性产生的根本原因,并提出了日常脆性管理策略;从动态模糊脆性的角度出发,阐释了高速铁路列车运行控制过程脆性传播及累积过程,并提出了基于模糊可信度的实时脆性监管策略。

本书的主要读者对象为高速铁路列车运行控制领域的专业技术人员,可供研究铁路列车运行控制系统设计、系统使用、系统管理等相关人员参考。读者应具备一定的轨道交通列车运行控制相关的专业知识背景。

图书在版编目(CIP)数据

高速铁路列车运行控制过程脆性研究/冯丽萍著.—北京:人民交通出版社股份有限公司,2022.6

ISBN 978-7-114-17953-2

Ⅰ.①高… Ⅱ.①冯… Ⅲ.①高速铁路—列车—运行—控制系统—研究 Ⅳ.①U284.48

中国版本图书馆 CIP 数据核字(2022)第 080653 号

Gaosu Tielu Lieche Yunxing Kongzhi Guocheng Cuixing Yanjiu

书　　名:高速铁路列车运行控制过程脆性研究
著 作 者:冯丽萍
责任编辑:吴燕伶
责任校对:孙国靖　魏佳宁
责任印制:刘高彤
出版发行:人民交通出版社股份有限公司
地　　址:(100011)北京市朝阳区安定门外外馆斜街 3 号
网　　址:http://www.ccpcl.com.cn
销售电话:(010)59757973
总 经 销:人民交通出版社股份有限公司发行部
经　　销:各地新华书店
印　　刷:北京建宏印刷有限公司
开　　本:787×1092　1/16
印　　张:7.75
字　　数:184 千
版　　次:2022 年 6 月　第 1 版
印　　次:2022 年 6 月　第 1 次印刷
书　　号:ISBN 978-7-114-17953-2
定　　价:58.00 元

前言

“要致富，先修路。”便利的交通是致富的必要条件，也是通往美好生活的坚强基石。铁路作为国家重要的基础设施、国民经济的大动脉和大众化的交通工具，是综合交通运输体系的骨干，在推动我国经济社会又好又快发展中发挥着重要作用。当前，我国已是世界上高铁运营里程最长、在建规模最大、运营动车组最多、商业运营速度最快的国家。“中国高铁”已成为对外开放、推动实施“一带一路”倡议的重要内容和一张闪亮的国家名片。

在我国高速铁路的发展历程中，科技创新一直是我国高铁突破性发展的引擎。“CR450科技创新工程”、大数据、人工智能、5G等智能技术的广泛应用，不断提升高铁系统的智能化。但是，随着高速铁路网的不断建设，高速铁路运营速度的不断提升，高速铁路列车运行控制的外界环境越发复杂，高速铁路列车运行控制过程对系统安全性的要求越发严苛。同时，高速铁路列车运行控制过程中涉及的系统子单元数量巨大、信息交互涉及多层次且形式多样化、系统开放性和涌现性等特点，无疑进一步加剧了系统安全保障的挑战性。

目前，针对高速铁路列车运行控制过程安全性的研究多基于系统还原论的思想，以各子系统为研究对象，通过系统仿真、安全评价等实现对各子系统的安全管理，缺乏系统整体性。本书以高速铁路列车运行控制过程中各子系统、子单元间的信息交互关系为基础，构建了兼顾整体性和复杂性的高速铁路列车运行控制过程模型，阐释了高速铁路列车运行控制过程脆性内涵，提出了高速铁路列车运行控制过程脆性监管策略。本书内包含高速铁路列车运行控制过程的完整模型及变量声明、函数定义，可基于仿真软件CPN Tools实现研究结果复现，为相关学者在本书研究成果基础上开展进一步深入研究奠定了基础。

本书共分为7章。第1章，介绍了高速铁路列车运行控制过程脆性研究的背景、研究现状及研究方案；第2章，提出一种基于Petri网的复杂系统脆性分析方法；第3章，在分析高速铁路列车运行控制过程中各子系统间交互关系的基础上，从上而下构建三级模型；第4章，基于结构脆性分析的建模需求，将基础模型变形为结构模型，通过结构脆性仿真实验度量高速铁路列车运行控制过程中各子系统的脆度和脆性相关性；第5章，通过在基础模型中加入模糊可信度因素并变形得到动态模糊模型，提出基于实际应用中系统检测冲突数或故障数的各子系统的模糊可信度确认方法，并通过仿真实验结果分析各子系统的模糊可信度波动对系统整体功能实现的影响；第6章，分别从结构脆性和动态模糊脆性两个角度提出脆性监管策略；第7章，总结本书的主要研究内容与结论，并展望下一步研究工作方向。

本书研究成果是在本人的博士毕业论文基础上形成的。探索研究过程中的迷茫、欣喜是我在繁忙的教学中坚持开展科研工作的动力来源。在这里，我要衷心感谢我的导师彭其渊教授，文超教授、闫海峰教授，是他们引领我走上科研之路，并在我困惑、迷茫时，对我悉心指导、热诚鼓励。同时，我也要感谢我的家人，正是他们对家庭的无私奉献，让我有时间、精力投身于书稿撰写工作。为了本书的出版，人民交通出版社股份有限公司的编辑也给予了许多帮助，在此深表谢意。鉴于本人水平所限，有些问题还钻研得不够透彻，有待进一步完善，不妥和疏漏之处，欢迎读者批评指正。

本书由山东省自然科学基金项目（项目编号：ZR2019PG008）资助出版。

冯丽萍

2021年12月

目　录

第1章　绪　　论

1.1　研究背景

我国幅员辽阔，自然资源和工业布局的错位态势决定了货运结构以能源、原材料和初级产品为主，货运流向以由北向南、由西向东为基本流向，同时还伴随着大量的人员流动。铁路运输作为一种中长距离、快捷、安全、低耗和环保的运输方式，在加快区域物流快速流动和集散，助力资本、技术、人力等生产要素和消费群体、消费资料等要素的优化配置和集聚发展上占据着十分重要的地位，是我国综合运输体系的重要组成部分，在推动我国经济社会又好、又快发展中发挥着重要作用。我国铁路发展，尤其是高速铁路的发展，经历了从无到有，从"引进、消化、吸收再创新"到自主创新，现在已经领跑世界，是我国自主创新成功的典型范例。

1964年，日本东海道新干线开通运营，成为世界上第一条长距离高速铁路。该条线路的开通有效缓解了连接东西大动脉的东海道本线的运输压力。此后，法国、德国、西班牙等国家相继建设高速铁路，为各国经济社会发展带来巨大的生命力。

相比发达国家，我国高铁研究与建设起步较晚。20世纪90年代初，我国提出高速铁路兴建计划，但到底是采用磁悬浮制式还是轮轨制式，引发了长达18年的争议和论证。最终，考虑到与我国现有的轮轨技术兼容问题和造价问题，选择了轮轨技术。2004年初，我国铁道部门举行了一次国际竞标，以必须接受我国的信号标准为前提条件，要求每个企业设计和生产各自类型的高铁列车。以"引进、吸收、消化、再创新"的开放路径，我国基本掌握了时速200～250km的高速列车制造技术。此后，我国以京沪线为契机，自主制造了"和谐号"动车组CRH380-A列车，并相继推出第二代、第三代列车。自2017年"复兴号"研发成功并投入使用，我国高铁动车组技术进入了自主化、标准化、系列化的新阶段。未来，我国高铁仍将沿着自主创新的路径继续前行。

目前，我国已建成世界上最现代化的铁路网和最发达的高铁网。根据中国国家铁路集团有限公司相关数据，截至2021年底，我国铁路营业里程突破15万km，其中高铁运营里程突破4万km，历史性地实现了"复兴号"动车组对31个省(区、市)的全覆盖。高铁"复兴号"累计安全运行13.58亿km，运送旅客13.7亿人次，以"复兴号"动车组为代表的中国高铁成为一张闪亮的国家名片。除了在国内飞速发展外，中国高铁还积极"走出去"。在"一带一路"倡议和中印尼两国务实合作的标志性项目——"雅万高铁"建设项目中，我国向印尼转移高铁技术，进行本地化生产，帮助印尼培训高铁管理和运营人才，将中国高铁技术与经验带到印尼，与印尼人民分享中国高铁的发展成就，让高铁发展惠及更多国家和人民。

随着高速铁路的大力发展和运营速度的不断提升，高速铁路系统安全性成为影响我国高速铁路高质量内涵式发展的关键核心要素。高速铁路列车运行控制过程是由一个互相联系、互相影响的多部门、多单位所组成的完整系统[1]。为有效利用现有资源,提高工作效率,各子系统多采用系统集成的思想,通过信息共享实现子系统之间的分工协作。但在信息传递、共享的过程中,各个子系统的风险也是“互联互通”的。

2011 年 7 月 23 日 20 时 30 分 05 秒,甬温线浙江省温州市境内,由北京南站开往福州站的 D301 次列车与杭州站开往福州南站的 D3115 次列车发生动车组列车追尾事故,造成 40 人死亡、172 人受伤,中断行车 32 小时 35 分,直接经济损失 19371.65 万元。根据事故调查报告,该事故是由于列控中心采集驱动单元采集电路电源回路中的熔断器 F2 遭雷击熔断,导致轨道电路发码及信号显示错误,使前行列车自动制动且三次转目视行车模式起车受阻;同时雷击造成轨道电路发送器与列控中心通信故障,使得列控中心未能及时采集到前行列车的轨道占用信息并向后行列车发送行车信号,最终导致两列列车追尾。

2011 年 9 月 27 日 14 时 51 分,上海地铁 10 号线上 1016 次列车与 1005 次列车在豫园至老西门下行区间发生追尾。事故虽未造成人员死亡,但导致 295 人受伤,造成重大社会影响。经查,事故原因是电工在进行地铁 10 号线新天地车站电缆空洞作业时,由于操作失误,造成 10 号线新天地集中站信号失电,进而导致中央调度列车的自动监控红光带、区间线路内车站列车自动监控面板黑屏。闭塞方式改为电话闭塞后,调度员在前方轨道电路占用的前提下发布错误的调度命令,造成列车追尾。

上述两起典型的恶性事故都是系统集成环境下,系统内某子系统或子单元崩溃后,通过系统内各子系统之间的关联关系进行传播,使其后果逐步扩大,最终导致了系统的全面崩溃。这种系统行为特性称为脆性。新形势下,高速铁路列车运行控制过程对安全性的要求愈发严苛,如何认识高速铁路列车运行控制过程中的脆性,并予以监管,是高速铁路快速发展背景下亟须解决的问题之一。

1.2 国内外研究现状

1.2.1 铁路列车运行控制安全研究现状

本书以高速铁路为研究对象的主要原因有以下两点:一是高速铁路在速度提升的过程中,对列车运行控制的安全性提出了更高的要求;二是不同等级的铁路系统所采用的列车运行控制系统不尽相同,在系统建模分析中总要确定一个具体的研究对象。但为全面考量国内外在铁路列车运行控制安全方面的研究热点,在对铁路列车运行控制安全研究现状进行论述时不再限定为高速铁路,而是以广义铁路列车运行控制为对象。目前,国内外铁路列车运行控制安全方面的相关研究主要集中于行车调度指挥安全、列车运行控制系统、计算机联锁系统三个方面。

(1)行车调度指挥安全

调度系统作为铁路运输生产的指挥中心,负责各部门、各环节、各工种间的协同运作,是保证安全、优质、高效地完成运输生产任务,实现铁路运输安全生产的关键。

国内专家学者对行车调度指挥安全的研究多集中于系统设计优化、运行调整理论方法和系统安全评价、故障诊断方法的研究。在系统设计优化方面,多集中于高速铁路行车调度风险预警系统设计[2]、铁路列车调度指挥系统平台设计[3]、调度指挥系统信息化平台设计[4]等。在运行调整理论方法方面，文超团队定义了高速铁路的各种列车运行冲突，分析各种冲突的产生机理，并给出冲突的度量方法，并建立列车运行冲突的实时预测模型，提出冲突的消解策略[5-7]。周磊山团队对高铁站列车和调车作业计划一体化编制[8]、网络化动车组运用计划的编制[9]、高速铁路大站作业计划优化[10]等方面展开研究，不断提升运输组织计划的鲁棒性。在系统安全评价、故障诊断方面，王普集成应用云计算、大数据等信息新技术，搭建了高效、精准的高速铁路应急平台[11]；高磊针对铁路调度集中区段，提出行车指挥安全风险管控对策[12]；王兴中等则从调度指挥系统中的故障传播路径特点出发，建立基于故障传播的有向图机器模型，并设计了基于贝叶斯后验概率准则的故障诊断算法[13]。

由于国外铁路运输系统规模相对较小，运营指挥相对较为简单，国外专家学者对行车调度指挥安全的研究多集中于调度策略的研究。文献[14]指出列车运行调整产生的根本原因在于列车运行冲突的出现，文章强调了列车运行冲突的提前预测在行车调度指挥中的基础作用。文献[15]研究了行车密度与列车运行质量之间的关系：行车密度越大，越容易产生运行冲突，在同等的运行调度水平下，列车发生晚点的可能性越大。文献[16]针对利用智能Agent解决列车运行调度问题时，随着路网规模的扩大，方法适用性降低的问题，提出建立智能Agent之间的合作协议，提升工作效率。文献[17]针对繁忙的大规模车站建立调度模型，并考虑到传统的组合优化算法或整数规划算法在解决复杂模型时的计算能力及车站调度过程中的各种冲突问题，采用启发式算法对模型进行求解。文献[18]基于整数规划模型解决铁路突发事件后的运行调整和人员调度问题，实现两者的协同优化。

(2)列车运行控制系统

列车运行控制系统作为信号安全防护系统，主要是保证列车安全、高速和高效地运行。目前，我国采用的列车运行控制系统是在参照欧洲列车运行控制系统(ETCS)的基础上，结合我国国情，由我国自主创新的中国列车运行控制系统(CTCS)，共分为CTCS-0级至CTCS-4级五级控制系统。国内专家学者对列车运行控制系统的研究主要集中在列车自动控制理论方法、控车流程分析、系统故障诊断三个方面。在列车自动控制理论方法方面，目前主要采用的理论方法有自适应模糊神经推理系统[19]、遗传算法[20]、模糊神经网络[21]等智能控制理论技术；在控车流程方面，文献[22-24]针对CTCS-3级列控中心的地面核心设备——无线闭塞中心(RBC)系统的控车流程进行系统建模分析，验证流程特性及安全状态，提高铁路运输的安全性、可靠性以及运输效率；在系统故障诊断方面，文献[25]基于RAISE软件的系统建模、描述及验证方法，对CTCS-3级列控系统建立系统域模型，验证列车运行控制系统设计的正确性。文献[26]对比分析了仿真、测试和形式化三种系统设计正确性的验证方法，提出列车运行控制系统在设计和开发时的实时性、混成性、分布(并发)性、反应性要求。文献[27]分类综述了列车运行控制系统故障的诊断方法，并简要介绍了列车运行控制系统故障预测的研究成果，为列车运行控制系统故障诊断方面的研究指明了几个方向。文献[28]针对列车自动驾驶系统(ATO)设备故障时的列车全自动运行技术方案展开研究，提出了一种在信号系统中增加受限的自动驾驶模式，可有效减少救援时间、提高运营效率。

国外的铁路列车运行控制系统各有不同，其中欧洲各国对列车运行控制系统的研究和改革最为典型。在20世纪80—90年代，欧洲各国纷纷研制出多种不同性能的速度监控系统或列车自动控制系统,如法国的U/T系统、德国的LZB系统等。不同的信号制式导致了各国铁路不兼容的状态,使列车运行速度受到限制。因此,20世纪90年代,国际铁路联盟(UIC)提出了以铁路综合数字移动通信系统(GSM-R)为平台,欧洲点式应答器为列车定位手段的欧洲列车运行控制系统(ETCS)。该系统从运输功能需求和系统运用条件的角度出发,分级配置系统基本结构提出标准化系统,在提高系统安全性的同时,解决了欧洲铁路互联互通的运营问题。国外列车运行控制系统的安全保障与国内相似,多采用冗余、容错的技术手段保障列车运行安全[29-31]。

(3)计算机联锁系统

在我国铁路运输系统中,计算机联锁系统是实现分散自律调度集中系统对车站进行分散自律控制的关键,是一种保证站内行车安全、实现进路控制的技术手段。目前,国内的专家学者对于计算机联锁系统的研究多集中于系统安全分析、故障诊断方面。文献[32]提出一种基于专家系统的全电子铁路信号计算机联锁故障诊断系统;文献[33]基于动态故障树对车站计算机联锁系统冗余结构可靠性展开研究;文献[34]设计了计算机联锁输入/输出(IO)接口仿真的基本功能;文献[35]运用模糊理论和神经网络技术对计算机联锁系统故障诊断及道岔故障诊断方法进行了研究。

国外的第一套计算机联锁系统由瑞典爱立信(Ericsson)公司于1978年研制,并在哥德堡站投入运行。目前国外铁路系统中较为典型的计算机联锁系统主要有德国西门子公司研制的计算机联锁系统(SIMIS和SICAS)、瑞典的计算机联锁系统(EBILOCK)、英国西屋公司研制的计算机联系统(SSI)、美国通用铁路信号有限公司(GRS)研制的计算机联锁系统(VPI)和日本京三公司研制的K5型联锁系统。文献[36]指出计算机联锁系统在进路控制、保证车站行车安全的重要作用,并强调了计算机联锁系统的安全导向设计原则;文献[37]对计算机联锁系统在设计阶段的安全可靠性进行分析,分别从信号布局规划、信号控制发生器和信号控制命令检查三个方面分析计算机联锁系统安全保障的影响因素、解决办法等;文献[38]针对由于铁路专业人员与系统设计者之间的隔阂导致计算机联锁系统逻辑推理复杂、程序繁杂的现状,提出建立统一的形式标准,简化程序,保证运行安全。

1.2.2 传统安全事故分析方法研究现状

(1)静态系统安全分析理论方法

所谓静态系统安全分析理论方法是指在进行系统安全分析的过程中,子事件之间的逻辑关系确定且不考虑子事件发生的逻辑顺序关系的理论方法。常用的有事件树分析法(ETA)、事故树分析法(FTA)、贝叶斯网络、二元决策图(BDD)、可靠性框图(RBD)等。随着研究的深入,这些静态系统安全分析理论方法在理论发展和研究应用中都取得了丰富的科研成果[39,40]。

静态系统安全分析理论方法虽然具有简单易行的优势,但只能定义系统的静态逻辑结构,而对系统动态运行过程、状态传递和故障传播等特性缺乏描述,从而导致模型在精确化方面存在缺陷,难以满足复杂系统的安全可靠性分析需求。

(2)动态系统安全分析理论方法

国内外专家学者针对静态系统安全分析理论方法在实际应用中的问题,提出了多种解决办法。有些学者发展了静态系统安全分析理论方法的适用范围,提出动态事故树分析法[41,42]、动态事件树分析法[43]、动态贝叶斯网络[44]等。也有部分学者另辟蹊径,寻求新的解决办法,提出采用马尔可夫链[45]、Petri 网[46]、仿真[47]等方法进行动态系统安全分析研究。

需要特别指出的是,国内外学者在进行动态系统安全分析理论方法研究的同时,虽然没有提出复杂系统脆性的概念,但也已经开始相关性研究。FOUND A A 教授和他的学生 ZHOU Q 在 1994 年针对系统对外界不确定环境的敏感性行为,对电力系统首次提出脆弱性(Vulnerability)的概念[48];2000 年发表于自然(Nature)杂志的封面文章提出复杂系统存在阿喀琉斯之踵(Achille,s Heel),并在此影响下展开了脆性源判断及系统崩溃后果的研究[49]。对于系统中的故障传递行为的研究,美国学者 CARRERAS B A 等提出系统相继故障(Cascading Failture)的概念,该概念也被称为雪崩(Avalanche)效应[50]。

综上所述,动态系统安全分析理论方法研究是静态分析理论方法出现局限性后的发展必然,而脆弱性概念和相继故障相关理论的提出为复杂系统脆性理论的提出奠定了基础。

1.2.3 复杂系统脆性理论研究现状

2001 年 9 月,国家航天局原局长栾恩杰从国防系统的特点出发首次提出了复杂系统脆性(Brittleness)的研究任务。2002 年,“复杂大系统的脆性研究项目”在国防科学技术工业委员会基础研究项目基金的资助下正式批准立项。该项目主要针对大型武器装备系统、国防系统等复杂系统,由哈尔滨工程大学自动化学院承担[51]。自此,哈尔滨工程大学的金鸿章教授带领其研究团队开展了一系列的研究并在基础理论研究、理论方法研究上均取得丰硕的研究成果。目前,复杂系统脆性研究的研究成果已被应用于疾病传播、船舶电力系统、煤矿系统、通信系统、电力系统中,通过对这些系统的脆性识别、脆性评价和脆性预防,不仅提高了系统的安全性,也丰富了复杂系统脆性理论。

(1)基础理论研究现状

复杂系统脆性的基本理论研究主要是指复杂系统脆性的定义、特性及模型构建等方面。文献[52,53]首次提出复杂系统脆性的定义,认为脆性是指系统在受到外界的打击时容易崩溃的性质,并基于熵的思想将系统内各子系统之间的关系定义为各自不断从周围环境汲取负熵的非合作博弈关系。在定义了各子系统之间脆性关联关系的脆性基元概念后,基于集对分析理论提出脆性关联熵、脆性同一熵、脆性对立熵和脆性波动熵的概念。

文献[54]针对复杂系统中的层次结构,基于模糊层次分析法对各子系统(或元件)进行相对重要度排序,并定义了脆性激发度和激发阈值,用于判定复杂系统脆性是否激发,以此达到脆性识别、重点监护的目的。

文献[55]首次提出脆性是开放的复杂系统的固有属性,并基于集对分析理论,初步建立了可用于判定复杂系统脆性演化方向的初步数学模型,分析了脆性对复杂系统演化的影响。

文献[56]从系统内部结构和外部环境两方面入手建立复杂系统脆性模型,并基于熵理论分别对上层结构中各子系统之间的脆性联系和下层结构中脆性事件及脆性因子对复杂系统的影响进行了分析,并对脆性事件对系统的脆性风险进行了定量分析。

文献[57]从复杂系统脆性的基本概念和特性出发,探讨了突发事件对系统产生的影响,并依据仿真结果,得出如下结论:在开放的复杂系统中,只有及时从周围环境中得到负熵的补充才能使系统熵值下降,有效削弱突发事件的影响。

文献[58]在复杂系统脆性模型的基础上,基于德菲尔法-最大熵原理建立以脆性因子为基础的脆性风险模型,用来预测复杂系统脆性过程。文献以交通系统为例,验证了方法的可行性和有效性。

文献[59]提出了系统脆性的数学定义,并基于元胞自动机建立脆性模型,通过分析不同参数设置下的仿真结果得到系统脆性激发的两个条件:一是系统处于自组织临界状态,二是系统存在脆性源。此外,文献还从脆性源的数量、分布及与系统脆性激发的关系等方面总结了脆性源的特性。

文献[60]针对可修复的复杂系统,提出脆性的概念并对其特性进行了研究,建立了无储备和有储备可修复复杂系统的结构方程模型,并以范数指标函数为标准,对可修复复杂系统的最优控制问题进行了研究。

文献[61]主要针对无储备可修复系统提出脆性概念,并建立了修复时间任意分布的无储备系统的数学模型,得出系统存在非负解的结论。此外,其还以范树指标函数为标准,提出了无储备可修复系统最优控制的判别条件。

文献[62]认为复杂系统的崩溃主要是由于某些子系统在脆性因子或脆性事件的干扰下,激发了其与其他子系统之间的脆性联系。文献通过分析复杂系统的脆性激发过程,对能够引发系统崩溃的各因素集合建立考虑各因素发生概率和对系统造成的风险的复杂系统脆性风险熵函数,并根据熵函数的性质制定控制策略。

文献[63]针对复杂系统本身的不确定性,基于熵理论定义了子系统脆性熵、脆性风险熵、复杂系统脆性熵和子系统脆性联系熵,从不同的侧面对复杂系统的不确定性进行了论述。

文献[64]认为脆性是复杂系统结构本身带有的一种潜在特性。文献通过数学化描述复杂系统的安全状态和连锁崩溃,以控制关键子系统为策略建立基于熵的复杂系统安全度模型,得出复杂系统安全事故的本质致因是缺乏安全约束或安全约束失效。

以上研究文献大致体现了复杂系统脆性理论从提出到日渐成熟的发展历程。从复杂系统脆性的基本概念、特性到脆性发生过程的机理研究,从一般开放性复杂系统到对复杂系统不确定性、有无可修复性的细化研究,均体现了复杂系统脆性理论在基础理论研究方面的日益丰富多彩。

(2)研究方法现状

目前,主要的研究方法有熵理论、突变理论、元胞自动机等。

①熵理论。熵起源于物理学中的热力学第二定律,是指热力学系统的某种状态函数,它是对系统紊乱程度的度量。在复杂系统脆性理论的研究过程中,不论是复杂系统本身的脆性结构,还是脆性因子的激发概率、子系统之间的脆性关联程度、脆性激发后的后果严重程度,均具有一定的不确定性,而熵的理念正好可以诠释复杂系统脆性的不确定性在不同层面的体现。

②突变理论。突变理论是1972年由法国数学家勒内·托姆创立的,该理论致力于动态系统在连续发展过程中的突变现象研究,用以解释突然变化与连续变化因素之间的关系[65]。该方法基于拓扑学、奇点理论和结构稳定性理论建立突变模型,可成功描述现实世界某些事物形态结构的突变规律,即在将突变理论应用于具体问题时,它可以直接处理系统

的不连续性而不考虑任何内部机制。因此,突变理论特别适用于内部作用尚属黑箱的系统,并且适用于目前已有的可信观察中具有不连续性的情况[66]。在复杂系统脆性理论的研究中,脆性源的激发、脆性的传播及最终系统的崩溃均具有突发的特性,在具体的传播机理不明的情况下,突变理论可以很好地解释系统的脆性并研究其演变规律。

③元胞自动机。元胞自动机是一种时间、空间、状态都离散,空间相互作用和时间因果关系都体现在局部的网络动力学模型,具有模拟复杂系统时空演化过程的能力[67]。该方法通过定义局部规则,在有限时间步骤后即可在整体范围内体现出系统的复杂行为。人工生命领域的发展使元胞自动机模型在20世纪90年代再次成为科学研究的前沿课题,目前元胞自动机在现代社会各领域正发挥着无可替代的作用。在复杂系统脆性理论研究中,通过定义各子系统之间的脆性联系规则,并通过不同的参数设置可完成复杂系统整体脆性激发过程的研究。

④其他。除了上述三种较为常用的脆性研究分支外,国内的学者专家同样致力于尝试运用不同的理论方法对复杂系统脆性进行研究。文献[68]以边模拟子系统之间的脆性关联关系,以权值描述子系统之间的脆性关联程度,建立基于赋权图的复杂系统脆性模型,并基于蚁群算法提出了一种求解系统最大崩溃路径的算法。文献[69]基于临界自组织理论建立电力系统脆性模型,并探讨了系统脆性激发的规律,得到的结果表明脆性发生时大都具有从临时线路向外蔓延的特点。文献[70]基于复杂适应系统和图论,建立交通系统的Agent图,通过设定系统主体崩溃程度的演化规则,对交通进行脆性仿真分析。显然,可以用于复杂系统脆性分析的理论方法远不止这些,通过对比各研究方法的优缺点,在对复杂系统脆性研究中的具体问题进行分析时应用最适用的理论方法才是最重要的,甚至可以在解决具体问题的同时推动理论方法的研究进度。

(3)理论应用现状

为满足人们多层次的需求或进行统一、有效、便利的管理,将系统进行整体的归并集成是目前系统发展的重要方向之一。越来越多的系统规模越来越大,越来越复杂,从而越来越多的系统需要进行脆性分析,以保障系统的安全运营。目前,复杂系统的脆性理论研究成果已成功应用于各个领域中,如快递系统[71]、供应链管理[72]、交通控制[73]、危化品运输[74]、电力系统[75]、商渔船碰撞事故分析[76]、城市拆迁博弈[77]等。这些应用研究不断地丰富复杂系统的脆性研究内涵,并为复杂系统脆性理论发展和系统的安全运营贡献力量。

1.2.4 研究现状分析

通过对铁路列车运行控制安全相关既有研究成果的文献分析,可以得出以下结论:

①既有研究成果对铁路列车运行控制过程中各子系统的安全保障问题研究较为透彻,但缺乏铁路列车运行控制过程宏观层次上各子系统之间的协同研究。

②对铁路列车运行控制过程相关的各子系统开展安全保障研究时,一般默认与子系统相联系的其他子系统构成的外部环境为静态确定型,或仅通过提升子系统内部容错能力消极解决子系统间由于信息传递所带来的安全问题。

③部分研究成果针对系统的控制流程进行研究,但多集中于铁路行车指挥子系统内部,对于铁路列车运行控制过程整体的信息传递流程研究较少。

复杂系统脆性理论是基于传统系统安全分析理论方法研究成果的基础之上的理论延伸，是对既有相关理论研究成果的提炼总结。具体表现在以下几个方面：

①复杂系统脆性理论是动态系统安全分析中的一种，综合了脆弱性和相继故障研究的思想理念，形成了一个从过程入手，分析系统崩溃过程的完整体系。

②既有研究多针对具体的单一系统，如电力系统、计算机网络等。复杂系统脆性理论是对具体研究案例的理论提升，是一套针对所有复杂系统的普适性研究方法和技术手段。

综上所述，目前铁路列车运行控制过程的安全保障研究多从系统还原论思想出发，集中于子系统内部的安全保障研究，而缺乏宏观层次上系统整体的安全关联性研究。复杂系统脆性理论针对系统崩溃过程建模的特点，正好符合铁路列车运行控制过程信息脆性的研究需求。因此，可基于复杂系统脆性理论内涵，选择合适的理论研究方法，对高速铁路列车运行控制信息传递过程中的信息脆性问题进行深入研究，在宏观层次上解释和度量高速铁路列车运行控制过程中各子系统之间的安全互联关系对系统整体功能实现过程的影响。

1.3 研究目的及意义

(1)丰富复杂系统脆性研究的内涵

本书首次将基于有色 Petri 网(CPN)和有色 Petri 网建模工具(CPN Tools)的复杂系统脆性研究方法应用到高速铁路列车运行控制过程的风险传播研究。通过在高速铁路列车运行控制过程脆性分析中的应用可知，该理论方法与高速铁路列车运行控制脆性分析的方法需求是相契合的。其中，基于状态空间的结构脆性以系统内某功能实现变迁节点为脆性源，以模型状态空间内节点间的关联关系为传播路径，以系统不存在一条从初始节点到系统功能实现节点集的有效路径为系统崩溃标准。基于模糊 Petri 网命题规则推理的动态模糊脆性，以模型内变迁与库所的关联关系为传播路径，以系统整体模糊可信度低于最低可接受值为系统崩溃标准。因此，本书不仅是既有理论成果的应用，更是既有理论成果在适应高速铁路列车运行控制系统特点的过程中的进一步发展和内涵的丰富。

(2)提高高速铁路列车运行控制过程脆性认识，强化安全监管水平

目前，高速铁路列车运行控制过程的安全研究多着眼于微观层次上单个子系统的技术升级、智能决策及安全管理，本书对高速铁路列车运行控制过程的脆性研究强调宏观层次上各子系统之间的脆性关联关系，为高速铁路列车运行控制安全性研究提供了一个新的视角。

本书从系统内各子系统、子单元间的信息交互关系角度出发，将高速铁路列车运行控制相关的计算机联锁子系统、列控子系统、调度集中子系统，以及临时限速子系统联系起来作为一个整体进行系统信息脆性分析。相比于针对各子系统的系统仿真、安全评估，从整体出发的系统脆性分析不再以外界为静态确定型为假设条件，而是立足于不同子系统间的信息交互关系，以单个子系统或子系统内某子功能实现节点对其他子系统、甚至系统整体功能实现的影响关系为度量标准，综合评价高速铁路列车运行控制的安全状态。基于这种思想的静态结构脆性分析结果和动态模糊脆性分析结果，不仅可以实时掌握系统内各子系统的安全状态，还可以定位该状态的产生原因，以及如不及时采取措施可能造成的后果，为高速铁路列车运行控制安全、有序地进行提供决策基础。

1.4 研究方案

本书针对高速铁路列车运行控制过程脆性的研究，主要包括前期文献收集整理、系统脆性研究方法提出、系统建模、脆性分析四个阶段。

①前期文献整理主要从铁路列车运行控制安全、传统安全事故分析方法和复杂系统脆性理论研究现状三个方面展开，为后续研究奠定理论基础。

②系统脆性研究方法的提出是在复杂系统脆性既有理论方法研究成果，在应用于高速铁路列车运行控制过程脆性分析时的适用性分析基础上进行的。新方法分别从系统结构脆性分析和动态模糊脆性分析两个角度出发，提出分析思路、度量指标，与后续从这两个角度出发的系统脆性分析相契合。

③系统建模客观反映了高速铁路列车运行控制过程中各子系统、子单元间的信息交互关系，并为后续基于不同脆性分析对模型的新需求进行模型变形奠定了基础。

④系统脆性监管策略的提出从结构脆性和动态模糊脆性两个方面展开，并通过脆性仿真实验提出相应的脆性监管策略。

本书研究中涉及的研究方法主要有系统分析、有色 Petri 网、模糊 Petri 网、数据统计与分析及 C#仿真等。具体研究技术路线如图 1-1 所示。

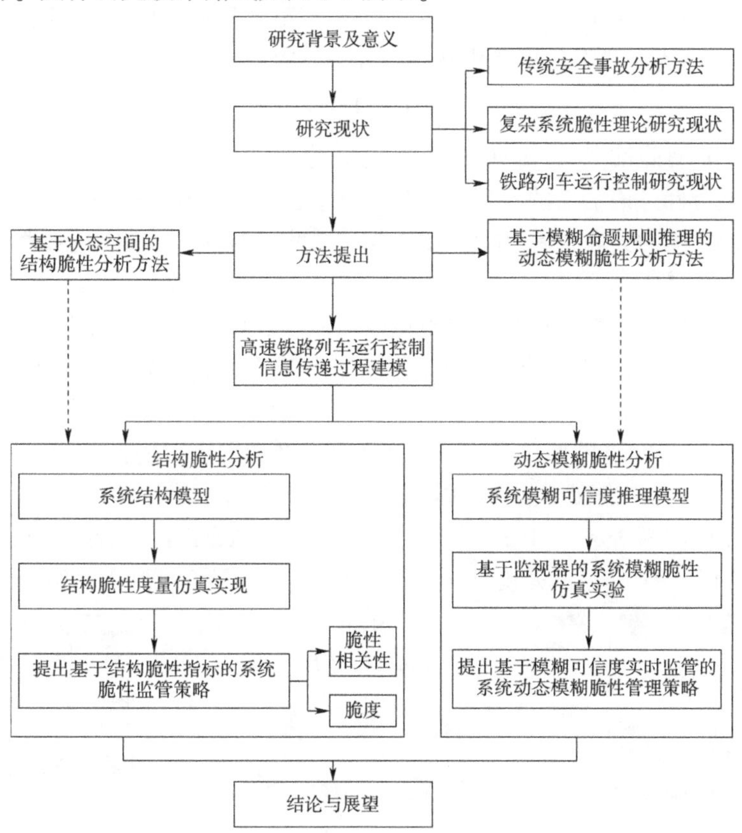

图 1-1 研究技术路线图

第 2 章　基于 Petri 网的复杂系统脆性分析方法

2.1　既有脆性分析方法适用性分析

2.1.1　脆性定义及仿真模型

复杂系统脆性(Brittleness)理论是由哈尔滨工程大学金鸿章教授及其带领的研究团队于 2002 年提出的,该理论的初衷是以大型武器装备系统、国防系统等为应用对象,用于研究复杂系统内由一个小的扰动或失误造成整个系统崩溃的现象,即脆性[51]。脆性的定义引申自材料力学,发展后的形式化定义如下:

设系统 S 由 n 个子系统 $S_i(i=1,2,\cdots,n)$ 组成,且子系统 S_i 的状态用 $x_i \in X \in R^m$ 表示。如果子系统 S_b 的结构或状态发生变化并满足 $S_b \in B$ 时,有

$$\lim_{t \to \infty} \delta(S) = \infty \tag{2-1}$$

则称系统 S 具有脆性[51]。其中,子系统 S_b 为脆性源,B 为子系统 S_b 的崩溃域,$\delta(S)$ 为系统 S 的某性能指标。该定义的非形式化解释为,当系统 S 内某一子系统 S_b 崩溃时,由于系统内各子系统之间的关联关系,系统内其他子系统相继崩溃,最终造成整个系统性能丧失,即 $\delta(S)=\infty$。

复杂系统脆性模型的提出是为了形象化地描述复杂系统脆性理论所研究的现象以及脆性激发所带来的后果。目前,复杂系统脆性模型主要有多米诺骨牌模型、金字塔模型及元胞自动机模型等[51]。

如图 2-1 所示,金字塔模型又可分为正金字塔模型和倒金字塔模型,两种模型均反映了复杂系统的层次结构,区别在于前者的脆性传递是自上而下,而后者则是自下而上。元胞自动机模型按照不同的邻居定义可分为冯·诺依曼(Von Neumann)型、摩尔(Moore)型和马哥勒斯(Margolus)型三种,描述的是脆性在一定的邻居定义、局部规则下的脆性传播过程。

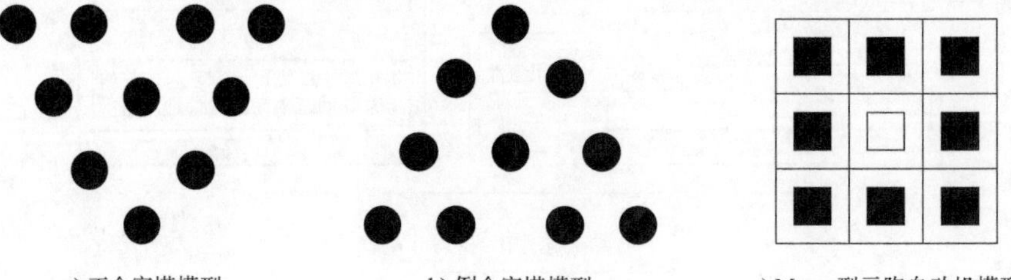

a) 正金字塔模型　b) 倒金字塔模型　c) Moore型元胞自动机模型

图 2-1　复杂系统脆性模型

基于复杂系统脆性的形式化定义与非形式化解释，复杂系统脆性理论的研究内容包括以下三个方面。

(1)脆性源的判定

复杂系统的脆性源可能是系统的一个子系统或几个子系统，也有可能是某一个子系统中的一个单元或几个单元。脆性源是系统脆性激发最终导致系统崩溃的必要条件，是系统脆性激发的源头。

(2)复杂系统内子系统间的脆性关联关系

系统脆性的激发依赖于系统内各子系统之间的脆性关联关系。这种关系可以是脆性同一(加强)、脆性对立(减弱)或脆性波动(无直接关联)的，而不同的脆性关联类型及脆性关联结构都将影响脆性源的波及影响范围，是能否最终导致系统崩溃脆性激发的中间环节。

(3)系统脆性预报与控制

复杂系统脆性的理论研究成果最终要应用于实际系统的安全管理与控制。类似于控制流行疾病传播时，针对传染源、传播途径、传播受体所采取的措施，在复杂系统脆性分析中，分别对脆性源、脆性关联关系、脆性传播受体提出有针对性的管理措施，提升实际应用系统的安全管理水平，是该理论的终极目标。

2.1.2 复杂系统脆性理论特性

复杂系统脆性理论是在复杂系统安全性的相关研究基础上发展而来的，其中脆弱性(Vulnerability)和相继故障(Cascading Failure)是两个重要的研究分支。

(1)脆弱性

脆弱性的概念由 TIMMERMAN P 于 1981 年首次提出并用于自然灾害的研究[78]。此后，脆弱性的概念相继应用到灾害管理、计算机系统、电力系统、金融体系等不同领域，并在应用过程中发展成了不同的概念内涵和研究分支。李鹤博士通过对各分支中脆弱性侧重点的不同进行概念分类，得到表 2-1[79]。在不同的概念内涵基础上，国内外专家学者对系统脆弱性评价从定性分析思路到定量分析方法都做了不同程度的探讨。基于表 2-1 可以知道，脆弱性相对于复杂系统脆性理论，侧重于系统脆弱这一状态的产生原因及可能后果，并未考虑系统内组成要素之间的状态关联关系对系统脆弱性的影响。脆弱性可以看作复杂系统脆性产生的根本原因，即脆性源。

脆弱性概念分类 表 2-1

类　型	侧　重　点
遭受损害的可能性	类似于“风险”的概念，着重于对灾害产生的潜在可能性的影响分析
遭受损害的程度	强调系统遭受不利扰动后产生的结果
承受损害的能力	从损害发生后系统的承受能力反映系统脆弱性
概念的集合	既考虑了系统内部条件对系统脆弱性的影响，也包含了系统与外界环境的相互作用特征

(2)相继故障

相继故障是指系统中某一部件发生故障后，引起其他部件故障的雪崩效应。以电力系统为例，当电网某一个或几个元件因过负荷而发生故障时，会通过将多余的负荷转移加载到其他元件上来重新分配节点上的负荷,这些原来正常工作的元件如果不能消化这些多余的负荷,就会引起再一次的负载重新分配,从而引起过负荷故障的连锁反应,并最终导致电网的大面积瘫痪,发生大规模停电事故[80]。

目前,相继故障的研究以电网系统的应用研究和复杂网络中的理论研究最为突出。在电网系统中,基于系统特点提出了组织过程管理模型(OPA)、隐性故障模型、瀑布模型(CASCADE)、最优潮流模型(OTS)等;而在复杂网络中,则利用基于流行病传播过程的传播模型(SIS 和 SIR)进行复杂网络中传播行为的研究,并通过确定传染强度阈值 λ_c 预测系统最终的传播范围。

相继故障的研究基于面向过程的思想,用于总结系统发生雪崩效应时的规律。相继故障发生的结果并不一定是系统的突发性全局崩溃,即相对于复杂系统脆性理论,相继故障的研究并不局限于最终造成系统全面崩溃的系统,而着重于系统故障传递这一现象。

基于以上分析,复杂系统脆性理论与脆弱性、相继故障的研究是相互继承、相互补充的关系。相比之下,复杂系统脆性理论的特点可以总结如下:

①复杂系统脆性理论综合了脆弱性、相继故障中关于脆性源及传递过程两方面的内容,形成了一个专门研究由脆性源引发系统相继故障,并最终造成系统全面崩溃现象的完整方法体系。

②复杂系统脆性理论没有特定的应用领域,是一个具有普适性的理论体系。因此,在将复杂系统脆性理论应用于具体系统时,会涉及复杂系统脆性理论中相关概念的规范化处理及方法的适用性分析,如系统崩溃的标准。

③目前复杂系统脆性理论的研究方法有多种,但并不局限于此,在理论应用过程中可以发展不同的研究方法,因此复杂系统脆性理论是一种开放的理论体系。

2.1.3 既有脆性研究方法及其适用性

目前,应用于复杂系统脆性理论研究的方法工具主要有熵理论、元胞自动机、突变理论、图论、复杂自适应系统等。

(1)熵理论

熵起源于统计物理学,后由美国物理学家申农和维纳两人将熵的概念拓展为信息熵,表征信息的不确定程度。设随机变量 X 的取值为 $x_i(i=1,2,\cdots,n)$,等式 $X=x_i$ 成立的概率为 $P(x_i)$ 且满足 $\sum_{i=1}^{n}P(x_i)=1$,则随机变量 X 的熵可定义为

$$H(X) = -C\sum_{i=1}^{n}P(x_i)\ln P(x_i) \tag{2-2}$$

当确定随机变量 X 的取值时,必存在 $P(x_i)=1$,$H(X)=0$;当随机变量 X 的 n 个取值以相等的概率出现时,随机变量 X 的取值不确定性最大,熵取最大值 $C\ln n$;C 为常数,当 C 取 1 时,$H(X)$ 为信息熵。

在复杂系统脆性理论中,任意脆性相关的子系统 X、Y 的状态变量可分别表征为 $X=(x_1,x_2,\cdots,x_n)$,$Y=(y_1,y_2,\cdots,y_n)$。当子系统 X 在干扰下发生崩溃时,由于子系统 X、Y 之间的脆性相关关系,子系统 Y 内必存在状态变量 y_j 受到子系统 X 的崩溃而发生状态变化[68]。根据脆性同一、脆性对立和脆性波动的影响关系,计算子系统 Y 由于子系统 X 崩溃而崩溃的脆性联系熵 H_XY,有

$$H_X Y = \omega_a H_a + \omega_b H_b + \omega_c H_c \tag{2-3}$$

式中，H_a、H_b、H_c 分别为脆性同一熵、脆性对立熵和脆性波动熵；ω_a、ω_b、ω_c 分别为脆性同一、脆性对立、脆性波动的权系数。

熵理论凭借其量化不确定度的概念内涵，分析了复杂系统脆性理论中子系统之间的脆性关联关系，并发展出了脆性联系熵、脆性风险熵、脆性联系变化率等相关概念，丰富和发展了复杂系统脆性理论。

基于熵理论的复杂系统脆性将系统内部单元间的关联关系进行了量化分析，并基于关联类别对脆性传播影响进行了量化。因此，基于熵理论的复杂系统脆性适用于系统内组成单元间关联关系简单且易量化的系统。

(2)元胞自动机

元胞自动机作为描述自然界复杂现象的简化数学模型，最初适用于模拟生命系统所特有的自复制现象。元胞自动机是一种基于局部规则完成动态系统演化的动力学模型[81]。其中，局部规则 f 是元胞自动机根据当前自身及其邻居的状态确定下一时刻状态的状态转移函数，可定义如下：

$$S_i^{t+1} = f(S_i^t, S_N^t) \tag{2-4}$$

式中，S_i^{t+1}、S_i^t 分别为元胞 i 在 $t+1$ 时刻、t 时刻的状态；S_N^t 为元胞 i 邻居在时刻 t 的状态。

在复杂系统脆性理论中，根据不同应用领域的需要可以选择元胞自动机的类型、边界条件及局部规则。设某一系统的元胞自动机模型中，每个元胞以其二维位置坐标 (x,y) 标识，每个元胞所代表的子系统在任一时刻 t 可能状态集 $S_{(x,y)}^t = \{0,1,2\}$，即元胞的最大负荷 $S_{(x,y)}^{\max} = 2$。元胞自动机为 Von Neumann 型，即选取上、下、左、右为邻居。当任一元胞 $S_{(x,y)}^t$ 受到某干扰 D 时，若 $S_{(x,y)}^t + D \geqslant S_{(x,y)}^{\max}$，则该元胞崩溃，不再参与系统运行，同时将向邻居元胞分配一个额外的状态负荷，邻居元胞的状态转移规则[66]如下：

$$S_{(x,y)}^{t+1} = 0 \tag{2-5}$$

$$S_{(x\pm1,y)}^{t+1} = S_{(x\pm1,y)}^t + 1 \tag{2-6}$$

$$S_{(x,y\pm1)}^{t+1} = S_{(x,y\pm1)}^t + 1 \tag{2-7}$$

若邻居元胞超过最大负荷，则邻居元胞也处于崩溃状态并继续向其邻居分配状态负荷，构成系统脆性激发的连锁崩溃激发。取 9 元元胞系统初始状态[图 2-2a)]，令 $D=2$ 施加于元胞(2,2)，脆性激发过程如图 2-2 所示。时刻 t_5 时由元胞(2,2)激发的脆性导致了整个系统的崩溃，为该系统的脆性源。因此，通过元胞自动机局部规则设定、参数设置等方式可仿真系统内各子系统之间的脆性传递过程。

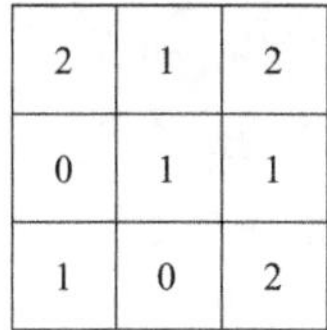

a) 初始元胞状态

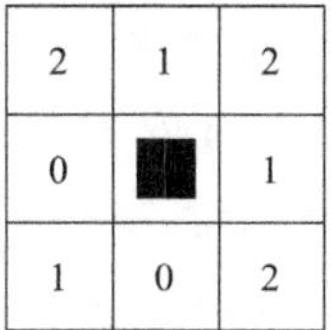

b) 时刻 t_1

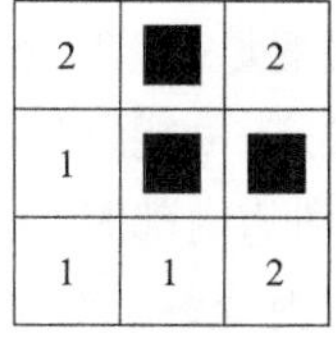

c) 时刻 t_2

图 2-2

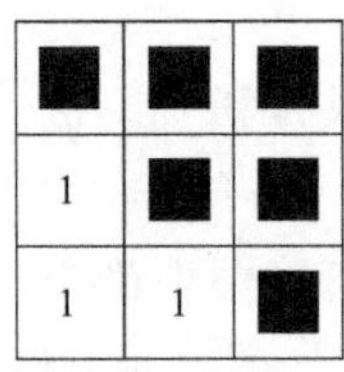

d) 时刻t_3

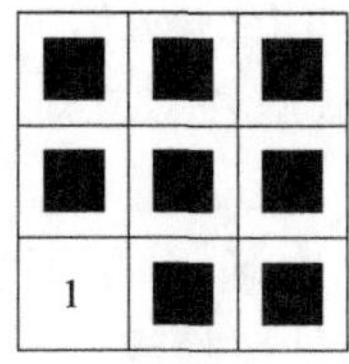

e) 时刻t_4

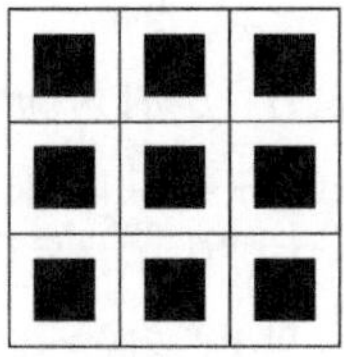
f) 时刻t_5

图 2-2　9 元胞的脆性激发过程

元胞自动机涉及系统边界的设计及局部规则的规范化处理，因此，基于元胞自动机的复杂系统脆性理论适用于边界条件清晰、系统演化规则较为规范的系统。

(3) 突变理论及其他方法

突变理论是 1972 年由法国数学家勒内·托姆创立的，以动态系统在连续发展过程中出现的突变现象为研究对象，用以解释突然变化与连续变化因素之间的关系。该理论的最大优点在于可以直接处理不连续性而不考虑任何内在机制。该特点使其特别适用于内部作用尚属黑箱的系统，并且适用于目前已有的可信观察具有不连续性状况的系统。

以势的概念表征系统在某一趋向的能力，则系统的势能可用式(2-8)表示。

$$V = V(\alpha, \beta) \tag{2-8}$$

式中，α 表示系统的状态变量；β 为系统的控制变量。势的大小是由系统各个组成部分的相互联系、相互作用及系统与外部环境的相对关系决定的[82]。根据托姆的研究成果，当控制变量 β 不超过 4 个时，系统势函数的突变形式有 7 种，如表 2-2 所示。

系统势函数突变模型　　表 2-2

突变模型	控制变量 β 数	状态变量 α 数	势函数 $V=V(\alpha,\beta)$
折叠突变	1	1	$V=\alpha^3+\beta\alpha$
尖点突变	2	1	$V=\alpha^4+\beta_1\alpha^2+\beta_2\alpha$
燕尾突变	3	1	$V=\alpha^5+\beta_1\alpha^3+\beta_2\alpha^2+\beta_3\alpha$
椭圆脐点突变	3	2	$V=\frac{1}{3}\alpha_1^3-\alpha_1\alpha_2^2+\beta_3(\alpha_1^2+\alpha_2^2)-\beta_1\alpha_1+\beta_2\alpha_2$
双曲脐点突变	3	2	$V=\alpha_1^3+\alpha_2^3+\beta_3\alpha_1\alpha_2-\beta_1\alpha_1+\beta_2\alpha_2$
蝴蝶突变	4	1	$V=\alpha^6+\beta_4\alpha^4+\beta_1\alpha^3+\beta_2\alpha^2+\beta_3\alpha$
抛物型脐点突变	4	2	$V=\alpha_2^4+\alpha_1^2\alpha_2+\beta_3\alpha_1^2+\beta_4\alpha_2^2-\beta_1\alpha_1-\beta_2\alpha_2$

以尖点突变模型的势函数为例，系统在不同控制变量 β_1、β_2 的作用下表现为不同状态变量 α。在上叶和下叶范围内，状态变量 α 与控制变量 β_1、β_2 存在一一对应的映射关系，即当控制变量在此范围内变化时，系统处于唯一稳定的状态，突变不会发生。而在中叶的褶皱区域，在同一控制变量 β_1、β_2 下系统状态 α 存在多个值与之对应，即在 N 平面上的分歧集内，系统状态不稳定，可能发生突变现象。因此，当控制变量(β_1,β_2)以连续性的变化接近分歧集并最终突然到达内部时，此时发生的安全事故为渐变形式。反之，当控制变量(β_1,β_2)的变化不稳定，以突变跳跃的形式进入分歧集，此时发生的安全事故为突变形式。显然，渐变式较突变式更可控。

国内学者郭健基于突变理论中的评价级数法建立系统脆性指标，并用于严重急性呼吸综合征(SARS)危机事件背景中的新增确诊人数与医务人员人数之间的脆性关联关系[83]。该方法虽然避免了脆性传播内在机理的过分探讨,但在势函数的参数以及数据的显著性检验都对应用系统提出了较高的要求。

除了上述三种主流方法之外,国内外专家学者还尝试将复杂自适应系统理论、图论等方法引用到复杂系统脆性理论中。这些方法由于其自身的局限性,在具体应用时都必须从系统的行为特性出发,选择合适的研究方法。

高速铁路列车运行控制过程是一个涉及多系统、多层次、多对象的交互过程。从系统内的信息传递过程为视角,各子系统间的信息交互关系数量巨大,交互内容多样,单纯通过熵理论、突变理论等理论来量化不同系统单元间的交互关系并不现实,而元胞自动机的元胞类型、边界条件及局部规则在面对灵活多变的信息交互关系时略显笨拙。因此,对高速铁路列车运行控制过程脆性的分析需要寻求一种新的研究方法,保证在系统脆性分析时灵活多变,且在注重系统完整性的同时兼顾降低问题描述、算法的复杂性。

2.2　有色 Petri 网方法适用性分析

2.2.1　有色 Petri 网方法特性

Petri 网是 1962 年由 Carl Adam Petri 在其博士毕业论文中提出的。经过几十年的发展,Petri 网理论凭借其简单的图形化表示和强大的数学理论支撑,尤其在处理系统并发、异步、冲突、顺序等方面的优势,得到越来越多的应用[83]。相对于基本 Petri 网,有色 Petri 网(Coloured Petri Net,CPN)将属于同一类别的托肯个体标记为相同的颜色,不同类别的托肯以不同颜色加以区分。由于同一库所中可能存在多个同类的托肯,因此在有色 Petri 网中需要引入多重集的概念。

设 S 为非空集合,N_0 为非负整数集,则从 S 到 N_0 的函数叫作 S 上的多重集。通常以 S_{MS} 来表示集合 S 上的所有有限多重集所组成的集合。例如函数 $f:\{a,b\}\rightarrow\{2,1\}$ 表示集合 $\{a,b\}$ 上的多重集 $\{a,a,b\}$。基于多重集的概念,定义一个有色 Petri 网系统七元组 $\Sigma=(P,T;F,C,I_-,I_+,M_0)$,该系统满足以下条件[83]。

①$(P,T;F)$ 为有向网,称为基网。其中 P 为库所,T 为变迁,F 为库所与变迁之间的流关系。

②$C:P\cup T\rightarrow X(D)$,其中 $X(D)$ 为颜色集 D 的幂集合,使得:

a. 对于 $p\in P$,$C(p)$ 是库所 p 上所有可能的托肯色的集合;

b. 对于 $t\in T$,$C(t)$ 是变迁 t 上所有可能的出现色的集合。

③I_- 和 I_+ 分别是 $P\times T$ 上的负函数和正函数,使得对所有的 $(p,t)\in P\times T$ 满足:

a. $I_-(p,t)\in[C(p)_{MS}\rightarrow C(t)_{MS}]_L$ 且 $I_-(p,t)=0$ 的充分必要条件是 $(p,t)\notin P\times T$;

b. $I_+(p,t)\in[C(t)_{MS}\rightarrow C(p)_{MS}]_L$ 且 $I_+(p,t)=0$ 的充分必要条件是 $(t,p)\notin P\times T$。

④$M_0:P\rightarrow D_{MS}$ 为系统的初始标识,满足 $\forall p\in P:M_0(p)\in C(p)_{MS}$,即 $M_0(p)$ 是库所 p 托肯色集合上的多重集。

在具有层次结构关系的有色 Petri 网模型中,多采用替代变迁和融合库所的方式将同一

个模型中的多个子模型联系起来。其中,替代变迁将下一级子模型封装为上一级子模型的一个特定变迁。该替代变迁的输入库所在下一级子模型中带有“in”标签,输出库所带有“out”标签,替代变迁本身含有该替代变迁名称的标签。融合库所同样带有融合库所名称标签标识,且可以出现在不同层次、不同页面上。当任意一个子页面上的融合库所标识发生变化时,都将导致带有同一个融合库所名称标签的库所标识发生同样的改变。

随着 Petri 网理论的发展,包括 CPN Tools、ExSpect 等针对 Petri 网的仿真软件陆续出现并不断发展。其中 CPN Tools 专门针对有色 Petri 网,可以建立分层次的有色 Petri 网、赋时有色 Petri 网等系统模型。图 2-3 为 Petri 网理论中典型的哲学家就餐问题界面。从中可以看出,CPN Tools 为有色 Petri 网提供了丰富的图形化标识、变量声明、仿真及个性化显示工具。

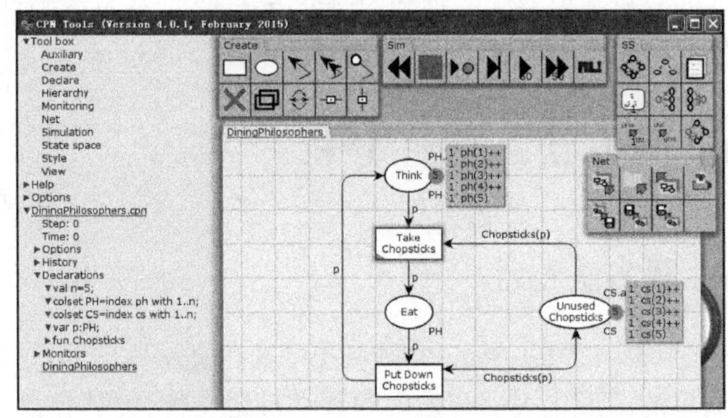

图 2-3　CPN Tools 仿真界面

利用 CPN Tools 中的 SS 工具板生成哲学家就餐问题的状态空间如图 2-4 所示。为了保证状态空间图的简洁和可读性,图 2-4 中仅显示了部分标记和绑定元素的细节,且图中的弧都是双弧,代表两个单独的有向弧。以节点 9 为例,该节点状态下库所 Unused 中的标识为 1′cs(1),库所 Think 中的标识为 1′ph(1) + +1′ph(3) + +1′ph(5),库所 Eat 中的标识为 1′ph(2) + +1′ph(4),即节点 9 状态下有 1 支闲置的筷子,哲学家 2、4 在用筷子吃饭,哲学家 1、3、5 在思考。从图 2-4 中可以知道,状态空间内的任一节点为系统在功能实现过程中的一种中间状态,该状态描述了当前系统内各库所内的托肯分布情况。任一弧描述了系统状态转变方向以及导致该系统状态转变的相关变迁及其取值(即绑定元素)。

除生成状态空间外,CPN Tools 状态分析工具还具备生成标准状态空间报告、基于 Standard ML 语言和 Evaluate ML 工具板进行非标准查询等功能,可以实现对状态空间内任意节点间可达性、有界性、变迁活性、宿主性和公平性等信息的查询。

基于以上分析,有色 Petri 网在用于高速铁路列车运行控制过程建模及脆性分析中具有以下优势:

①通过类似于对象封装的手段简化系统模型,高速铁路列车运行控制过程中各子系统、子单元间的同步、异步、冲突等逻辑关系都可以通过简单易懂的图形表达。

②有色 Petri 网的状态空间完整描述了系统从初始状态到系统功能实现的可能过程,且已具备成熟的仿真工具(CPN Tools、ExSpect 等)为进一步系统分析提供了帮助,为着重于脆性传播过程的高速铁路列车运行控制过程脆性分析奠定了基础。

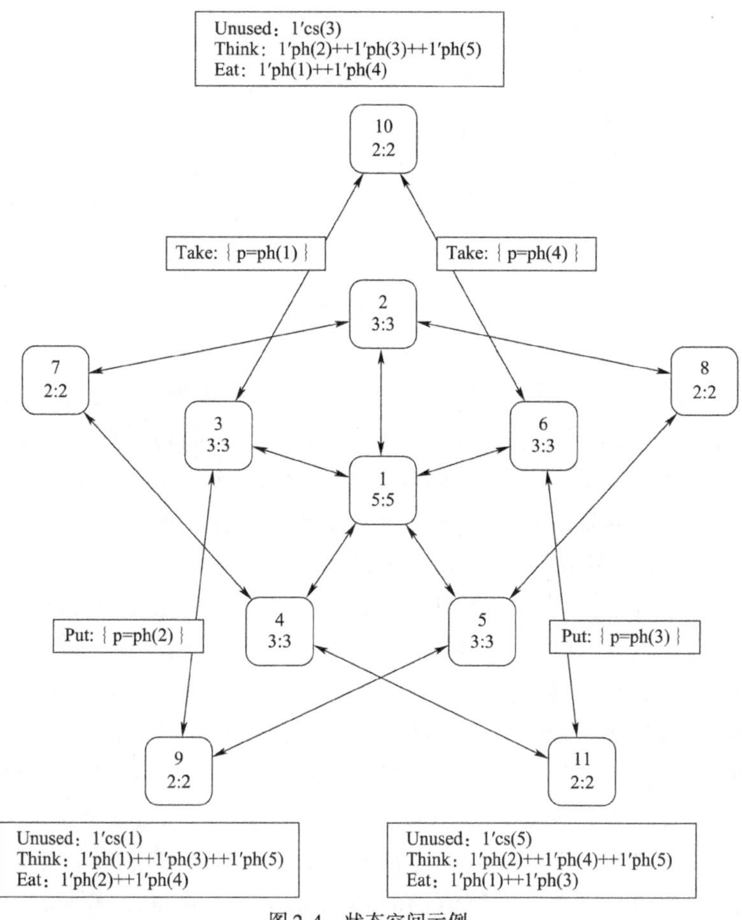

图2-4 状态空间示例

2.2.2 有色 Petri 网的复杂度消解方法

基于高速铁路列车运行控制过程脆性分析的方法需求,研究过程中除了要满足系统描述的简洁性及系统分析的功能需求之外,面对大量的、复杂的信息交互关系,如何在保证模型完整性的同时,兼顾如何降低系统分析算法的复杂度,是需要进一步着重考虑的问题。尽管有色 Petri 网大大降低了基本 Petri 网在系统描述、建模上的复杂性,但是有色 Petri 网和基本 Petri 网之间本质上只是通过模型结构折叠降低模型描述复杂度,两者的状态空间并没有本质上的区别。因此需要另辟蹊径,降低系统分析的复杂度。目前,一般可以通过计算强连通图、使用专业的状态空间简化方法,进一步降低模型计算的复杂性。

(1)强连通图(Strongly Connected Component Graph)

强连通图的思想是将状态空间中相互可达的状态标识融合为一个,从而达到简化状态空间的效果。强连通图中的节点称为强连通部件(Strongly Connected Component,SCC),其不同于状态空间中的节点用正整数表示,强连通部件在查询语言中用负整数(~1,~2 等)表示。如图2-5 所示,状态空间节点 M_1、M_2、M_4、M_6 相互可达,节点 M_3 与 M_5 相互可达,在强连通图中分别被融合为强连通部件 S_1、S_2,节点 M_7 单独作为部件 S_3 存在。

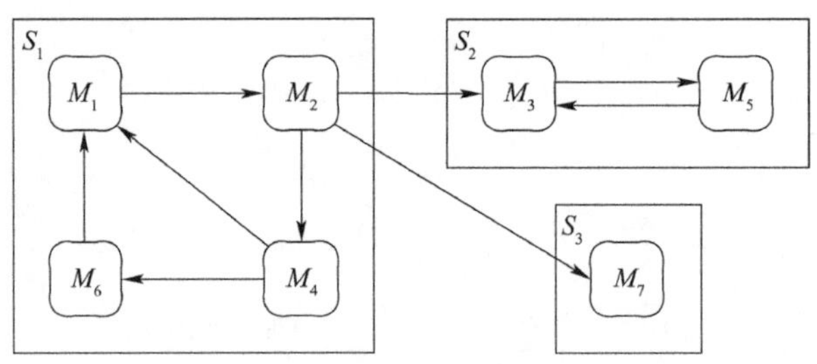

图 2-5 强连通图示例

(2)高级状态空间方法

CPN Tools 在计算状态空间,生成标准状态空间报告和进行非标准查询时的效率与状态空间大小、计算机硬件设备等息息相关。除了在硬件设备上提高运算速度之外,为了进一步解决大型模型的状态空间爆炸问题,国内外的专家学者已经提出很多高级的状态空间计算方法[84-86]。目前,CPN Tools 的状态空间分析工具已经具备工业级系统的计算分析。下面,以拉线法[87](Sweep-Line Method)为例说明高级状态空间方法的思想。

状态空间计算过程中,内存大部分用于存储遍历的所有状态标识,以保证在延伸状态空间时判断某状态标识是否已经存在于状态空间中。拉线法的核心思想就是从系统模型的自身特性出发,通过挖掘模型一种特定的进程,在一定的时间内只将部分状态存储在内存中,从而大大降低高峰内存使用。以 Petri 网中另一典型问题信息传输协议为例,由于系统要求固定的信息传输顺序,可以将表示下一个传输信息的库所 NextRec 作为进程控制标。文献[88]得到的方法效率对比结果如表 2-3 所示。表中,Limit 与 Packets 分别为系统中网络容量和要传输的信息包总数,Nodes 和 Arcs 为普通状态空间中的节点数和弧数目,Sweep-Line peak 为拉线法中内存存储的节点数峰值,Node radio 和 Time radio 为普通状态空间计算方法与拉线法分别在内存存储节点数目、中央处理时间上的比值。从表 2-2 中可以看出,拉线法在空间和时间上大大降低了状态空间的计算复杂性。

拉线法状态空间统计结果对比 表 2-3

Limit	Packets	Nodes	Arcs	Sweep-Line peak	Node ratio	Time ratio
1	4	33	44	33	1.00	1.00
2	4	293	764	134	2.19	1.00
3	4	1829	6860	758	2.41	1.00
4	4	9025	43124	4449	2.03	1.78
5	4	37477	213902	20826	1.80	1.65
6	4	136107	891830	82586	1.65	1.51
4	5	20016	99355	8521	2.35	1.95
4	6	38885	198150	14545	2.67	2.19
4	7	68720	356965	22905	3.00	2.27
4	8	113121	596264	33985	3.33	2.41

综上所述,有色 Petri 网在用于高速铁路列车运行控制过程系统时不论在模型描述、系统分析功能实现,还是在降低问题复杂度上都能够满足方法需求,为系统脆性分析创造了良好条件。

2.3 基于状态空间的系统结构脆性

2.3.1 状态空间节点间的脆性关联关系

复杂系统脆性理论中将系统内组成要素之间的脆性关联关系分为脆性同一、脆性对立和脆性波动三种,分别对应脆性加强、脆性减弱和脆性间接关联三种状态。由于 CPN Tools 并不直接支持禁止弧而是采用列表 List 颜色集或反库所(Anti-Places)来模拟禁止弧的行为,因此脆性对立在 CPN Tools 的状态空间中并没有特殊表示。即状态空间中节点间的脆性关联关系只有脆性同一和脆性波动两种,如图 2-6 所示。图 2-6a)为脆性同一关系,关系特征为节点 M_2、M_3 只存在唯一输入节点,任一输入节点的崩溃都将导致后续输出节点的雪崩效应;图 2-6b)为脆性波动关系,节点 M_3 存在多个输入节点,当且仅当所有输入节点 M_1、M_2 全部不可实现时,该节点状态不可实现。从系统安全管理的角度,脆性波动节点比脆性同一关系节点更稳定,因此在系统功能实现过程中应尽量避免脆性同一关系节点的大量出现。此外,不论是脆性同一节点还是脆性波动节点,节点受脆性传播影响而完全崩溃的标准都是全部输入节点已不可实现。

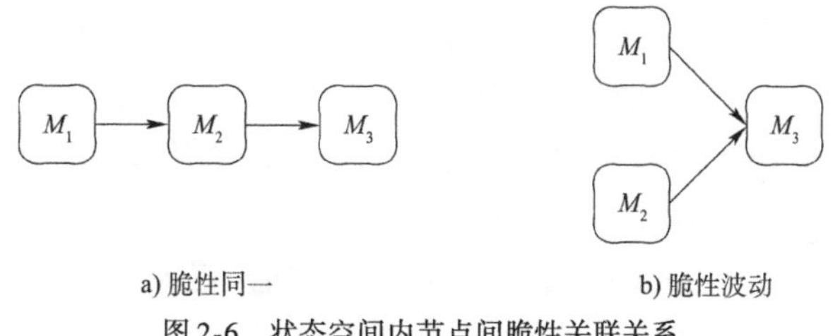

a) 脆性同一　　b) 脆性波动

图 2-6　状态空间内节点间脆性关联关系

2.3.2 结构脆性指标

系统状态空间内的任一节点均表示系统功能实现过程中的某一可能状态,该状态在任意一次功能实现过程中可能出现也可能不出现。同样,不同系统的功能不同,系统崩溃即未能实现系统功能在系统状态空间中的表达也不一致。例如,在存在终止状态的系统中,该终止状态可以作为系统功能实现节点,当状态空间中不存在从初始状态到功能实现节点的可达链时可认为系统崩溃。而在调节循环型系统(如哲学家就餐问题)中,系统并不存在终止状态,系统的功能实现体现于系统内各个部门、各个环节相互协调、相互制约使系统达到一个有序的平衡状态,此时当系统内的部门/环节间制衡关系破裂时可称之为系统崩溃。因此,基于系统状态空间的复杂系统脆性分析是从状态空间节点出发,寻找脆性触发链,用于评估该脆性节点对系统全部状态空间的影响,但在应用于具体研究对象时,需根据对象系统的特点制定相应的系统崩溃标准。

除系统崩溃标准需要具体问题具体分析之外,基于系统状态空间的结构脆性分析是

以状态空间节点为脆性源,以状态空间内节点与节点间的关联关系为脆性传播路径,度量脆性源对系统的影响程度。设系统 S 的状态空间为 $\Omega=\{i|i=1,2\cdots N\}$,状态空间内节点集 Ω_s 为脆性源,基于状态空间描述的系统功能实现过程中节点间的关联关系,遍历当状态空间内除脆性源节点以外的节点 $\Omega\text{-}\Omega_s$ 所组成的潜在脆性影响节点集,若节点的所有输入节点均存在于 Ω_s 中,则将该节点已受到脆性传播的影响,成为新的脆性源,应加入脆性源集合 Ω_s,组成新的脆性源集合 Ω_b。循环遍历,直至没有新的脆性源节点加入,或状态空间内所有节点均已遍历。则该脆性源的脆性影响率脆度 η_s 为

$$\eta_s=\frac{\sum\Omega_b}{N}\times 100\% \tag{2-9}$$

式中,算子 $\sum$ 用于统计集合内节点个数;N 为状态空间节点总数。脆度通过脆性影响节点个数与状态空间总节点数的比值衡量脆性影响大小。在具体系统应用中,通过定义脆性崩溃标准,可进一步提炼脆性指标。

2.4 基于模糊 Petri 网的动态脆性

2.4.1 模糊 Petri 网知识推理

模糊 Petri 网相对于基本 Petri 网,将系统中资源的消耗和产出抽象为基于命题规则的知识推理计算网络。该网络中,库所代表某一既定命题规则,库所中的托肯取值在[0,1]之间,描述该库所所描述命题的可信度,变迁的触发则取决于预设的阈值 $\lambda\in[0,1]$。当且仅当变迁的前集库所的综合可信度大于阈值 λ 时,变迁才能触发,命题规则推理才能成立。设 $R=\{R_1,R_2,\cdots,R_m\}$ 为一模糊性生成规则集合,则第 i 个模糊规则的一般表达式为

$$R_i:\mathrm{IF}d_j\mathrm{THEN}d_k(\mathrm{CF}=u_i)(i=1,2,\cdots,m) \tag{2-10}$$

式中,u_i 为确定性因子(Certainty Factor, CF)的数值,表征模糊规则的置信度。该值越高,则规则置信度越高。设命题 d_j 的可信度为 y_j,$y_j\in[0,1]$,则有:

①若 $y_j\geqslant\lambda$,则规则 R_i 通过阈值检查,变迁可激发,命题 d_k 的可信度为 y_j*u_i;

②若 $y_j<\lambda$,则规则未通过阈值检查,变迁不可激发。

定义模糊 Petri 网八元组 $FPN=(P,T,D,I,O,f,\alpha,\beta)$,其中:

①$P=\{p_1,p_2\cdots p_m\}$,有限库所集合,表示系统命题;

②$T=\{t_1,t_2\cdots t_n\}$,有限变迁集合,表示系统规则;

③$D=\{d_1,d_2\cdots d_m\}$,有限命题集合;

④$I:T\to P$,表示变迁与其前集输入库所之间的映射关系;

⑤$O:T\to P$,表示变迁与其后集输出库所之间的映射关系;

⑥$f:T\to[0,1]$,变迁的关联函数,表示变迁触发的阈值;

⑦$\alpha:P\to[0,1]$,库所的关联函数,表示库所对应命题的可信度;

⑧$\beta:P\to D$,库所集与命题集之间的关联函数,表示要元 P 与要元 D 之间的双向映射关系,即对库所的语义解释。

由于模糊 Petri 网中的托肯取值是对命题可信度的客观描述,并不存在资源的消耗,因

此,模糊 Petri 网中并不存在由于资源占用问题引发的冲突,即多个变迁可由同一个模糊库所同时触发而不引发冲突。定义模糊 Petri 网中的使能与激发规则如下:

$\forall p_j \in I(t_i): m_1(p_j)=1 \wedge \alpha(p_j)=y_j \geq \lambda$,则系统在表示 m_1 下变迁 t_i 使能。t_i 使能后得到系统新标识 m_2 如下:

①$\forall p_j \in I(t_i): m_2(p_j)=m_1(p_j)-1$;

②$\forall p_k \in O(t_i): m_2(p_k)=m_1(p_k)+1, \alpha(p_k)=y_k=y_j * u_i$。

在实际系统中,命题规则并不都是简单的,即变迁的前集输入库所和后集输出库所可能并不只有一个,并且多个输入输出之间存在“and(与)”“or(或)”的逻辑关系。根据符合模糊规则的不同形式,输出库所命题可信度的计算方法也有所不同。

(1)多输入单输出的并模糊规则

如图 2-7 所示,多输入单输出的并模糊规则下,变迁触发需要满足多个条件,而规则推理结果可信度与多个前集命题的可信度均相关。规则表现形式为

$$R_i: \text{IF } d_{j1} \text{ AND } d_{j2} \text{ AND} \cdots \text{AND } d_{jn} \text{ THEN } d_k(\text{CF}=u_i) \tag{2-11}$$

规则推理后库所 p_k 内托肯的可信度 $\alpha(p_k)=y_k=Min(y_{j1}, y_{j2} \cdots y_{jn}) * u_i$。

(2)单输入多输出的并模糊规则

如图 2-8 所示,单输入多输出的并模糊规则下,规则前集命题会触发多种结果。由于规则推理结果只与命题可信度、规则确定性因子 CF 有关,因此该并模糊规则下的多输出结果的可信度是相同的。规则表现形式为

$$R_i: \text{IF } d_j \text{ THEN } d_{k1} \text{ AND } d_{k2} \text{ AND} \cdots \text{AND } d_{kn}(\text{CF}=u_i) \tag{2-12}$$

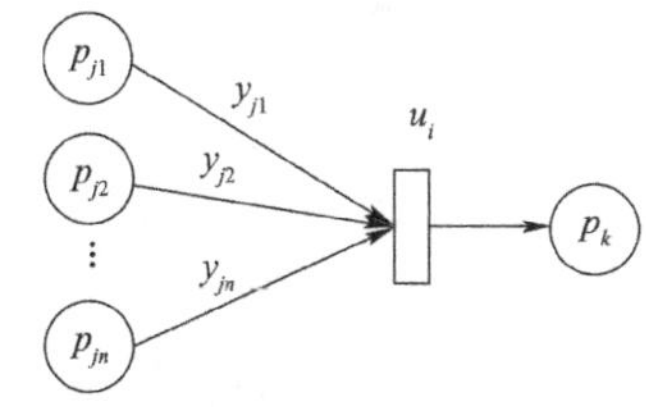

图 2-7 多输入单输出的并模糊规则示意图

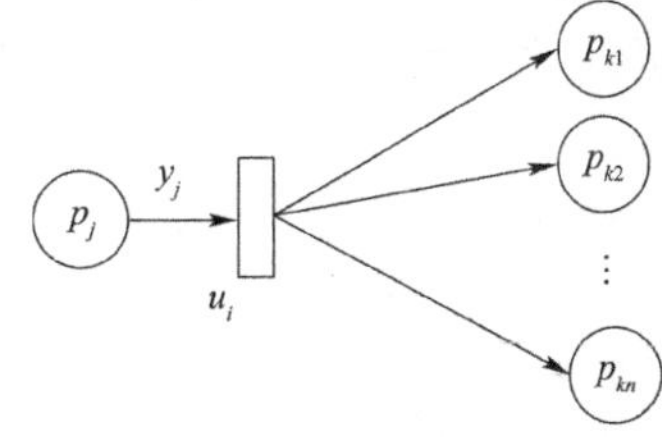

图 2-8 单输入多输出的并模糊规则示意图

规则推理后库所 p_{kx} 内托肯的可信度 $\alpha(p_{kx})=y_{kx}=y_j * u_i$。

(3)多输入单输出的或模糊规则

如图 2-9 所示,多输入单输出的或模糊规则下,规则推理结果可以从不同的推理渠道得到,即存在多条推理路径可以得到该结果。规则表现形式为

$$R_i: \text{IF } d_{j1} \text{ OR } d_{j2} \text{ OR} \cdots \text{OR } d_{jn} \text{ THEN } d_k(\text{CF}=u_{i1}, u_{i2}, \cdots, u_{in}) \tag{2-13}$$

规则推理后库所 p_k 内托肯的可信度取所有可能推理得到可信度的最大值,即 $\alpha(p_k)=y_k=Max(y_{j1} * u_{i1}, y_{j2} * u_{i2} \cdots y_{jn} * u_{in})$。

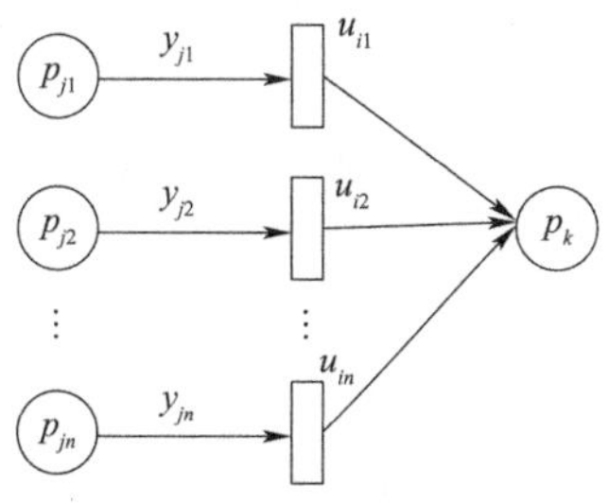

图 2-9 多输入单输出的或模糊规则示意图

2.4.2 动态模糊脆性定义

系统动态模糊脆性是基于模糊 Petri 网的模糊规则推理,以库所标识携带库所信息模糊可信度 y_j,以模糊规则可信度代表系统变迁正确处理输入信息并得到输出信息这一过程的可信度 u_i,从初始标识出发动态计算输出库所模糊可信度,直至

低于系统可接受最低阈值μ的过程。根据复杂系统脆性理论中的脆性定义，从脆性源、脆性传播路径和系统崩溃标准三个方面出发定义动态模糊脆性。

(1)脆性源

在基于状态空间的结构脆性定义中，脆性源为状态空间内某一个节点或节点集合，是相对确定的主体。结构脆性是从明确的脆性源出发，基于状态空间内的脆性关联关系展开脆性传播行为研究。与之不同的是，在动态模糊脆性中，脆性源的概念不再那么明确。脆性传播过程中，任一输入库所信息的模糊可信度、任一变迁的命题规则模糊度，只要在系统功能实现过程中触发，均参与了最终输出库所模糊可信度的累积。因此，在动态模糊脆性中，脆性源是系统功能实现过程中的所有变迁及输入库所。

(2)脆性传播路径

在动态模糊脆性度量中，模型内库所与变迁的关联关系即为动态模糊脆性的传播路径。模型初始化时，除了表明库所的初始标识外，还需要规定这些初始标识的模糊可信度以及模型内变迁规则可信度。仿真开始时，变迁的触发不只改变输入库所、输出库所原始标识还伴随着模糊知识规则推理过程，并将推理得到的模糊可信度更新到输出库所中，依次循环直至模型中不再有可使能的变迁。

(3)系统崩溃标准

随着模糊规则知识推理的不断进行，模型输出库所的动态模糊可信度不断衰减，当该模糊可信度降低到μ时，可认为该模糊知识推理结果处于不可信的状态。在该状态下系统继续进行模糊规则推理已经完全不可信，系统崩溃。其中μ为系统崩溃的阈值，满足$\mu \in (0,1)$，具体取值需根据具体应用系统对信息可信度的要求设置。

第3章　高速铁路列车运行控制过程模型构建

3.1　列车运行控制过程的复杂性

3.1.1　复杂性产生来源

高速铁路列车运行控制过程涉及多层次、多部门的协调组织，对其进行安全管理是保障决策系统安全可靠，列车高正点、高安全运营的必要手段，但同时由于高速铁路列车运行控制过程的复杂性，针对高速铁路列车运行控制的安全管理面临着巨大的挑战。高速铁路列车运行控制过程的复杂性主要体现在以下四个方面。

(1)系统中子系统、子单元的数量庞大

高速铁路列车运行控制过程从调度命令决策到底层终端执行，涉及调度集中、计算机联锁、列控等多个子系统，而每个子系统又涉及多个子单元。以调度集中子系统为例，高速铁路行车指挥过程中涉及供电调度、客运调度、机车调度、行车调度等多个子单元，每个子单元又包含不同的管辖范围和决策内容，而系统内任一子系统/子单元的安全状态都将对整个系统的安全运营造成或多或少的影响。因此，高速铁路列车运行控制系统是一个复杂的安全苛求系统(Safety Critical System)。

在高速铁路列车运行控制过程中存在大量的数据流和信息流。这些数据流和信息流不仅数量巨大，而且种类、关联关系、语义、操作要求等在不同情境下各有不同。信息流和数据流的源和宿涉及从中国国家铁路集团有限公司、各地方局集团、车站到车、机、工、电、辆等不同的部门及工作人员。因此，高速铁路列车运行控制系统是一个复杂巨系统。

(2)系统中有多层次结构且在不同层次间存在多种形式的交互作用

宏观上，高速铁路列车运行控制过程从上级决策到终端执行，存在着大量上下层、平行层间的层次交互关系。以行车调度的列车运行计划调整决策为例，列调作出运行调整的决策基础在于列车运行现场的相邻列车间的运行状态、闭塞分区占用情况、车站进路排列情况以及后续列车运行计划等，而这些信息的信息来源、信息传输过程，都涉及了不同层次、不同传输路径。如，CTCS-3级列控系统的车载设备将列车运行状态(包括列车运行速度、列车定位信息、设备状态信息等)通过无线闭塞中心(RBC)基站在GSM-R网络条件下传输给调度集中系统(CTC)并实时显示，为调度决策提供依据。

(3)系统与外界环境的相互作用

高速铁路的运营是一个开放性的系统。高速铁路的列车运营计划要受到客流变化、线路条件、天气状况等的影响。而列车在运行过程中，不可避免地要受到包括天气、地质条件、固定设备状态、客流组织质量甚至行车调度决策优劣等外界环境的影响。因此，高速铁路列车运行控制过程的开放性,大大增加了系统安全管理的难度。

(4)系统具有进化和涌现性

随着包括通信技术和网络技术等铁路科学技术的发展与进步,高速铁路列车运行控制系统积极引进先进的软件系统、固定设备等。而随着新技术、新标准的不断引进,系统正一步步实现向功能集成的综合大系统发展,并涌现出了新的系统特性。新形势下的高速铁路列车运行控制过程向系统安全管理提出了新的问题,如网络化运营情况下,属地化运营方案的局限性及不同属地之间的信息共享、信息集成的实现等,这些问题同样增加了问题的复杂性,向高速铁路列车运行控制的安全管理发起了挑战。

3.1.2 系统发展趋势及带来的问题

随着高速铁路的不断发展,高速铁路行车指挥系统通过不断融合运行控制、调度指挥、运营管理、维修养护、客货营销等子系统,不断向集安全监控、行车指挥、运营管理、服务等为一体的综合性集成系统发展。此外,随着高速铁路运营速度的不断提升,高速铁路调度系统对信息采集的速度、精确度及反馈的速度等都提出了更高的要求。而参与高速铁路列车运行控制过程的任一子系统、子单元的安全状态都对高速铁路系统的整体安全运营造成不同的影响。因此,为了保障高速铁路列车运行控制过程的安全性,通常采取以下两种技术方案提高系统的可信性,同时也带来相应的问题。

①从系统硬件设备上,通过多层次上的复杂冗余设备设置,保障系统安全。如 GSM-R 基站冗余覆盖,轨道电路发送器采用“$N+1$”冗余,实行故障检测转换,接收器采用成对双机并联运用,供电所、列控车载设备采用“一主一备”等。系统设备的冗余设置,只有当系统实时检测到主设备存在问题并及时转换到备用系统的情况下才是有效的安全监管措施。此外,即使为了满足安全需求对系统设备冗余设置带来的成本问题不予考虑,多层次设备的冗余设置同样增加了系统的结构复杂性。

②从计算机软件实现上,实现高速铁路调度指挥系统的功能集成需求。高速铁路调度指挥系统的功能集成意味着各分布式子系统之间双向、大容量的实时数据交换和更加复杂严格的系统控制策略、系统间频繁的交互协作和功能整合。而在这样愈发复杂的软件系统设计、实现的过程中,很难避免系统设计人员在实现系统功能的同时保证系统间所有的交互都得到很好的设计、理解和防护。因此,系统的软件实现很难避免由于个体思维局限性导致的失误和错误,而这样的错误在系统投入实际运营时,将大大威胁系统的安全状态。

因此,考虑到高速铁路列车运行控制过程本身的复杂性、系统发展趋势及其带来的问题,高速铁路列车运行控制过程的安全性监管始终是高速铁路安全有序地完成运输任务的关键问题。而在选择具体研究工具时,需充分从对象系统自身特征出发,寻求能够兼顾复杂系统的复杂性和可落地性的研究方法。

3.2 列车运行控制过程分析

3.2.1 组织结构

高速铁路列车运行控制系统涉及先进的控制技术、通信技术和计算机技术,是用于控制高速列车运行速度、确保行车安全和提高运输能力的复杂控制系统,是高速列车的关键技术和核心装备,也是一个国家轨道交通技术装备现代化水平的装置[89]。该系统主要包括 CTC 调度集中系统、计算机联锁系统和 CTCS 列控系统三个部分。

(1)CTC 调度集中系统

CTC 调度集中系统采用分散自律的系统架构,以一个调度区段为单位,将程序化的进路控制功能下放给各个车站设备,其最终目标是以调度指挥系统为核心,最大限度地实现车站控制的自动化、无人化,从而提高劳动生产率和经济效益。在高速铁路列车运行控制过程中,CTC 扮演中央控制的角色,以计划列车运行图为基础,根据列车实时运行情况,编制列车运行调整计划并直接下达到调度区段内各个车站的自律机。除了发布运行调整命令之外,CTC 调度集中系统还主要通过计算机联锁系统收集现场轨道电路占用情况、进路办理情况、信号机开放情况等,通过车—地双向传输实时监督列车的运行状态,并在必要的情况下直接与列车司机联系,指导列车实际运行。

(2)计算机联锁系统

计算机联锁系统是对 CTC 调度集中系统在一个调度区段内的工作计划的拆分,以车站为单位实现对列车运行进路的控制,保证列车的进路安全,确保列车间的安全追踪距离。计算机联锁系统以电气设备或电子设备实现联锁功能轨道区段状态、信号状态和道岔状态的检测,并以这些现场设备状态和 CTC 调度集中系统下达的运行调整计划为依据,将联锁软件得出的联锁逻辑运算结果转换成控制命令驱动动力转辙机和色灯信号机等电子电路设备,实现对站场设备的操作和进路的控制。

(3)CTCS 列控系统

CTCS 列控系统是运输计划和运行调整计划的执行终端,通过接收来自地面设备关于线路静态数据、线路允许速度、行车许可等基础数据,车载安全计算机实时计算列车运行控制曲线,监控列车安全运行。目前,我国高速铁路多采用 CTCS-3 级列控系统,同时以 CTCS-2 级列控系统作为备用系统保证高速列车跨线运行的需要。从表 3-1 中可看到 CTCS-3 级列控系统与国外高速铁路列控系统技术特点的比较[90]。

国内外高速铁路列控系统技术特点 表 3-1

系统	CTCS-3 级列控系统	ETCS 系统	德国 LZB 系统	法国 U/T 系统	日本 ATC 系统
列车控制方式	连续距离速度模式曲线	连续距离速度模式曲线	连续距离速度模式曲线	分段距离速度模式曲线	分段距离速度模式曲线
车—地通信方式	无线通信	无线通信	感应环线	轨道电路 + 车—地通信环线	轨道电路 + 车—地通信环线
车—地通信特点	实时双向	实时双向	实时双向	地对车连续	地对车连续
列车定位方式	应答器	应答器	电缆交叉点	轨道电路边界/加应答器	轨道电路边界/加应答器
列车占用检查方式	无绝缘轨道电路	轨道电路/计轴	无绝缘轨道电路	无绝缘数字轨道电路	有绝缘数字轨道电路
传输信息量	较大	较大	较大	较小	较小
传输速率等级	kb/s	kb/s	kb/s	b/s	b/s

续上表

系统	CTCS-3 级列控系统	ETCS 系统	德国 LZB 系统	法国 U/T 系统	日本 ATC 系统
互联互通	易于开放	易于开放	受限制	受限制	受限制
兼容性	与 C2 系统兼容，满足跨线运行	不兼容	不兼容	不兼容	不兼容
制动方式	机控优先为主，人控优先为辅	人控优先	人控优先	人控优先	机控优先
维护工作量	小	小	小	大	大
先进成熟性	技术发展趋势	技术发展趋势	较成熟	较成熟	较成熟

3.2.2 子系统间的信息交互关系

CTC 调度集中子系统、计算机联锁子系统、CTCS 列车运行控制子系统三个子系统各自的组织结构在系统末端存在共享关系，系统中的部分元素很难作为某一个子系统存在。因此，在图 3-1 所示的高速铁路列车运行控制信息交互简图中，并未严格按照三大子系统描述信息交互关系，而是将三大子系统再次拆分，以粗略的颜色释义表达从属关系、信息交互关系和信息交互的内容。

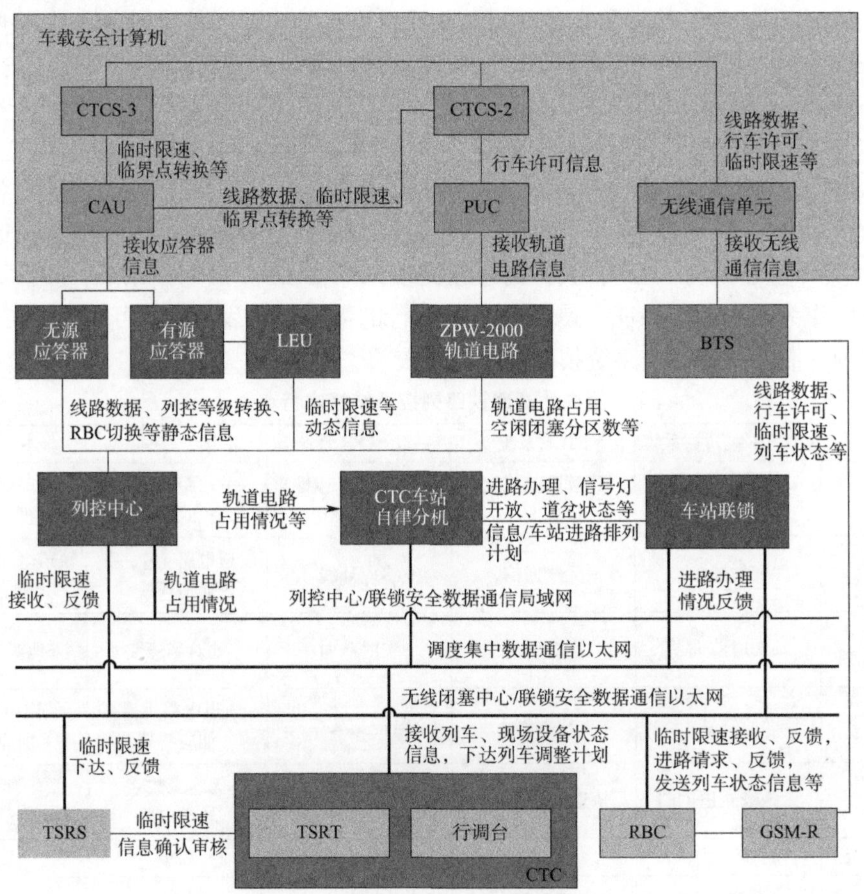

图 3-1　高速列车运行控制信息交互简图

(1)CTC 调度集中与计算机联锁系统

高速铁路列车运行控制中 CTC 调度集中子系统制定列车运行调整计划,并根据运行调整计划向 CTC 车站自律中心下达进路排列计划,通过进路排列时间实现对列车间交会方式、列车车站作业时间的控制。同时,计算机联锁系统收集包括轨道电路占用状态、道岔定位状态、进路排列情况、信号机开放情况等现场设备状态信息,并实时传输到 CTC 调度集中中心的显示屏上。

(2)CTC 调度集中与 RBC

CTC 调度集中系统与 RBC 之间的信息交互主要用于实现车地之间的双向信息传输,RBC 将包括列车运行位置、列车运行速度、列车设备检测数据等信息实时传输到 CTC 调度集中系统,CTC 在必要的情况下可以向 RBC 下达紧急停车命令等。

(3)列控中心与 CTCS 列控系统

列控中心是 CTCS-2 级列控系统中的核心部件,通过轨道电路占用状态实时向列车发码传输前方空闲闭塞分区信息,通过应答器传输线路数据信息、列控等级转换信息、自动过分相信息、RBC 切换信息等静态信息,并通过 LEU 和有源应答器传输临时限速信息等动态信息。CTCS 列控系统通过应答器接收单元和轨道电路接收单元接收相应信息,用于实时计算列控曲线,指导列车实际运行。

(4)列控中心与计算机联锁系统

列控中心通过轨道电路实时收集轨道电路占用情况,并将轨道电路占用信息发送到计算机联锁系统。计算机联锁系统向列控中心提供接车进路状态信息,用于列控中心生成行车许可,指导 CTCS-2 级列控等级下的列车运行。

(5)计算机联锁系统与 RBC

在 CTCS-3 级列控模式下,站间线路被划分为若干个信号授权 SA(Signal Authorization)区段,RBC 和计算机联锁系统以此为一个信号授权区段为单位进行信息交互。RBC 向计算机联锁系统发送包括列车许可状态、列车位置、列车速度等信息,并接收计算机联锁系统发送的包括进路类型、进路状态等进路相关信息。

(6)CTCS 与 RBC

RBC 是 CTCS-3 级列控系统的核心设备,其预先存储了线路数据并通过与计算机联锁系统以信号区段为单位交互得到的进路状态信息,通过 GSM-R 实时与 CTCS-3 传输行车许可相关信息,指导列车实时描绘列控曲线指导列车运行。

(7)临时限速信息的下达、实施与反馈

临时限速信息是指除去列车设备最大限速信息、线路速度信息等之外,由于线路施工、天气状况等原因在此基础上提出的临时限速。临时限速包括计划临时限速和临时临时限速两种。在临时限速信息下达之前,临时限速操作终端、临时限速服务器与列调台上的行调之间相互确认、审核临时限速调度命令,保证临时限速信息的一致性和准确性。在高速铁路列车运行控制系统中同时具备 CTCS-3 级列控系统和 CTCS-2 级列控系统,其中 CTCS-2 级列控系统为后备系统,两者同时收集列控相关信息。因此,RBC 和列控中心均收到临时限速相关信息,并在接收到相关信息和实施完成临时限速命令后均需要临时限速操作终端反馈执行状态和结果。

3.3 列车运行控制过程建模

3.3.1 实验框架建立

实验框架的概念是由美国亚利桑那大学的 ZEIGLER B P 教授在其基于 DEVS 的仿真理论中提出,主要是对在目标系统抽象过程中的观测或实验条件和环境进行描述,包括各种假设、目标和限制条件等[91]。考虑到高速铁路列车运行控制过程本身的复杂性,在系统建模前建立系统边界,以建模目的为基础着重体现模型特点从而进一步简化建模过程是十分必要的。高速铁路列车运行控制过程建模的前提条件或假设规定如下:

①对象范围为一高速列车运行区段或调度区段,运输任务及计划列车运行图由目标系统外界环境给出。

②目标对象为与高速铁路列车运行直接相关的三大子系统,对于相关的动车组运用计划、乘务员调度计划及施工维修计划等细节不予考虑,而转化为关于列车运行调整、临时限速等的行调台调度命令。

③建模过程以子系统间的信息交互关系为切入点,着重于系统功能及逻辑结构而不依赖于具体的工程实现形式。

基于以上前提假设,利用统一建模结构语言(United Modeling Language,UML)中的用例(Use Case)建立目标模型的实验框架如图 3-2 所示。系统基于外界既定的线路信息、车站进路信息、运输计划和初始状态,通过 CTC 调度集中系统的列车运行调度控制、计算机联锁系统的进路控制及临时限速调度命令管理实现 CTCS 实时的行车许可及行车许可延伸,列控系统基于行车许可形成控车曲线指导列车运行。依据模型应用目的,在适当位置设置观察信标,输出相关信息用于系统性能分析。

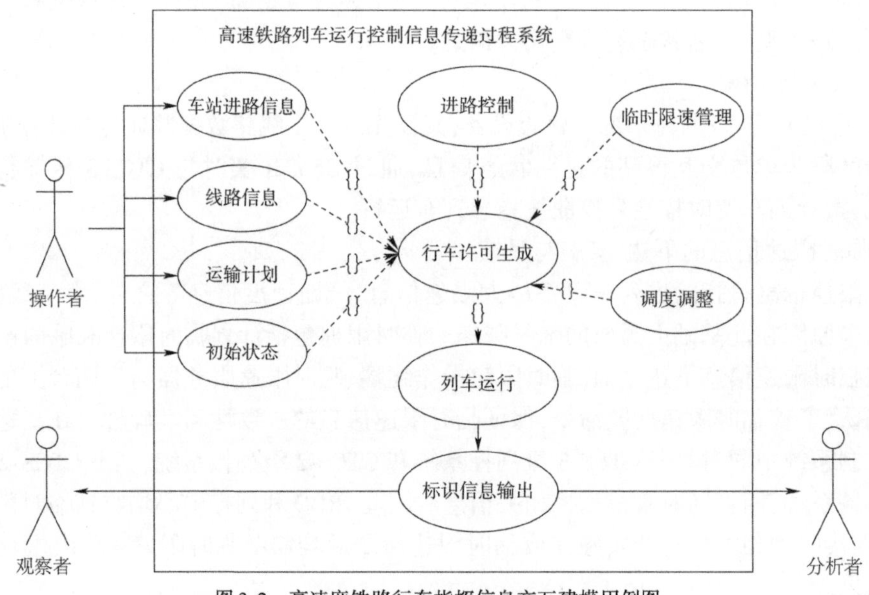

图 3-2　高速度铁路行车指挥信息交互建模用例图

由于目标系统中对象众多,因此,需要在实验框架基础上,对目标系统中的对象类进行了抽象,并对其属性和操作进行了定义,见表3-2。其中,对任一对象的属性是基于建模目的抽象后的结果,而操作则定义了对象类通过接收其他对象信息后可激发相应的动作,并以此对自身对象类属性修改的过程。

目标系统类定义 表3-2

对　象	属　性	操　作
TRAIN (列车)	ID(列车号); Location(位置); CTCS-level(列控等级); RBC-Number(当前RBC编号); TSR-Content(当前临时限速)Plan(运输任务)	通过:move(); 车站到达:arrive(); 车站出发:depart(); 停站:stop();
STATION (车站)	Name(车站名); Route-Sum(车站进路总数); Route-Used(当前进路占用情况); Route-Unused(当前进路空闲情况)	进路出清:RouteUnuse(); 进路占用:RouteUse();
SET (区间)	Set-Number(区间编号); Block-Sum(闭塞分区总数)	闭塞分区占用:BlockUse(); 闭塞分区出清:BlockUnuse();
RBC (无线闭塞中心)	RBC-Number(RBC编号); Scope(管辖范围); Train-In-Charge(管辖列车编号集合); Connection-Status(连接状态)	连接:connect(); 断开连接:disconnect(); 接收信息:RecvMessage(); 临时限速接收与下达:RBC-TSR(); 形成行车许可:RBC-MA(); 发送信息:SendMessage();
TCC (列控中心)	TCC-Number(TCC编号); Transponder(管辖的应答器); Track-Circuit(管辖的轨道电路); Station/Relay-Station(列控中心所在的车站或中继站名称)	接收信息:RecvMessage(); 临时限速接收与下达:TCC-TSR(); 形成行车许可:TCC-MA() 发送信息:SendMessage();
TSRS/TSRT (临时限速服务器/操作终端)	Dispatching-Section(所属调度区段)	确认临时限速信息:confirm(); 下达临时限速:SendTSR(); 接收临时限速反馈:RecvTSRC();
CTC (调度集中系统)	Dispatching-Section(所属调度区段)	运行调整:adjust(); 监督:supervise();
CBI (计算机联锁系统)	Station(车站名); Track-Circuit-Status(轨道电路占用); Route-Used(进路办理情况)	进路办理:Route-Arrange(); 收集现场设备状态信息:Collect-Message(); 反馈进路办理结果:Route-Feedback();
CTCS (列车运行控制系统)	Train-ID(列车编号); Back-up-System(备用系统); CTCS-Level(当前列控等级); RBC-Connect(RBC连接情况)	请求行车许可:MA-Request(); 接收行车许可:MA-Receive();

3.3.2 总框架建模

高速铁路列车运行控制信息传递过程建模采用自上而下的开发方式。以目标列车前进一个闭塞分区为单次循环过程,总体框架描述列车在当前运行状态下循环请求下一个闭塞分区的行车许可,并根据行车许可请求结果改变列车当前运行状态直至完成全部列车运行控制任务的过程。在二级子模型和三级子模型中,通过替代变迁的形式将这一个过程逐步细化,描述列车运行状态改变过程中 CTC 调度集中系统、临时限速服务器/操作终端、计算机联锁系统和 CTCS 列控系统相互协作、信息交互的过程。

模型总体框架如图 3-3 所示,该模型分为三级,含有一个一级子系统模型,两个二级子系统模型和五个三级子系统模型。模型内颜色集、函数、变量的声明,变迁列表及其含义、库所列表及其含义可分别参见本书附录一、附录二和附录三。为了进一步提高模型的可读性,基于 CPN Tool 中的个性化显示工具模板,对模型内的不同部位进行个性化标识。

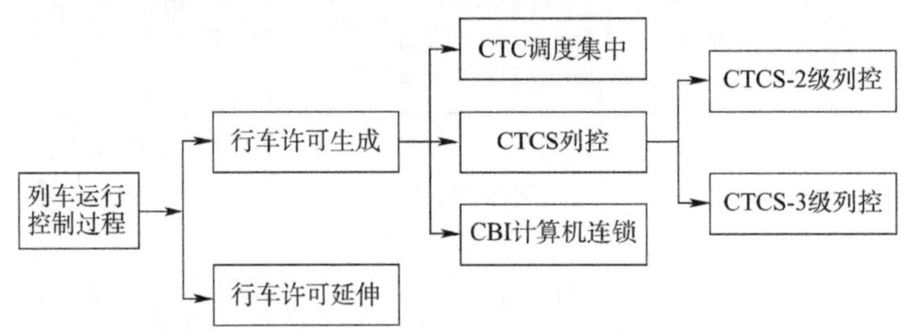

图 3-3 模型框架

对于这些个性化标识说明如下:

①红色双层边框为替代变迁。类似于模块化编程,替代变迁是对其下一级子系统封装处理的结果,可以实现对大规模复杂网络的分解处理。如图 3-4 中的 MAR 变迁即为替代变迁。

②暗红色单层边框为子模型内系统的主要功能实现。如图 3-9 中更新后行车许可实施过程子模型中,主要实现列控等级转换(TswitchC、CLDown)、RBC 切换(SwitchR)和列车运行状态改变(MAExtend)三个功能。

③绿色双层边框为融合库所,该类库所集合中,对其中任何一个库所上的操作都会对集合中的其他库所进行操作。模型中的融合库所主要出现在相邻级别模型中,其中子页中的库所叫作端口库所,父页上的叫作槽库所。如图 3-4 中的库所 NewMA 为槽库所,图 3-7 中以绿色双层边框标识 NewMA 库所为子页的端口库所。一级子模型列车运行控制总模型和实现流程如图 3-4、图 3-5 所示。

根据建模思想,模型中变迁 MAR 与变迁 MAE 交替触发,实现列车运行位置更新,即库所 new-Location 的标识更新。其中,根据建模实验框架及目标系统类定义,颜色集 TrLocation 的定义如表 3-3 所示。该颜色集定义包含了在该模型中我们关心的列车车次号(TRAIN)、所处区间(SET)、闭塞分区编码(BlockNum)、当前列控等级(CTCSLevel)、所属 RBC 编码(RBCNum)和临时限速信息(TSRContent)等。其中临时限速信息又包括了限速闭塞分区范围(BlockScope)和临时限速值(TSRValue)两部分的内容。

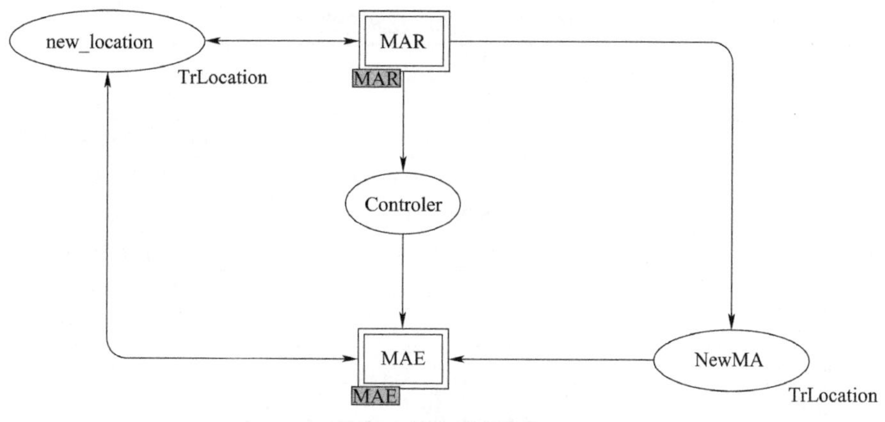

图 3-4 列车运行控制过程总模型

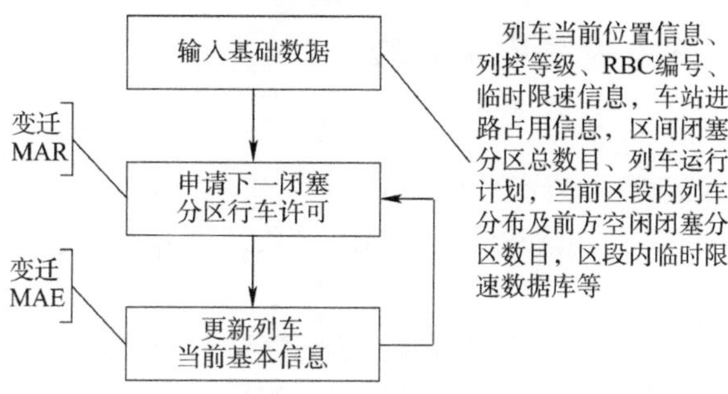

图 3-5 列车运行控制总模型实现流程

TrLocation 颜色集声明 表 3-3

颜色集含义	声 明
列车车次号	colset TRAIN = STRING;
车站	colset STATION = STRING;
车站列表	colset STATIONL = list STATION;
所处区间	colset SET = product STATION * STATION;
闭塞分区编码	colset BlockNum = INT;
当前列控等级	colset CTCSLevel = with C2 | C3;
所属 RBC 编码	colset RBCNum = INT;
闭塞分区范围	colset BlockScope = product BlockNum * BlockNum;
临时限速值	colset TSRValue = INT;
临时限速内容	colset TSRContent = product BlockScope * TSRValue;
colset TrLocation = product TRAIN * SET * BlockNum * CTCSLevel * RBCNum * TSRContent;	

模型初始化涉及的库所及其含义见表 3-4。需要考虑到模型以高速铁路列车运行指挥信息交互过程为研究对象，对于列车运行时分并无特殊需求，因此线路信息中并未包含具体的线路长度等用于计算具体列车允许速度的数据，列车运行计划只包含列车通过的车站序列，并不包括具体的时刻。

模型初始化库所及其含义 表 3-4

库　所	颜色集	含　义
new-Location	TrLocation	列车基本信息
TCState	TCState	列车位置分布及前方空闲闭塞分区
BlockSumD	SetBlockSum	区间闭塞分区总数
PLAN	STATIONL	列车依次经过车站集合
SwitchTra	SwitchTrans	列控等级转换应答器分布
SwitchRT	SwitchTransR	RBC 切换预告应答器分布
Route	Route	车站进路
RouteList	RouteL	车站进路集合
TSRS	TSRL	临时限速分布集合

3.3.3 二级行车许可生成子模块建模

(1) MAR 子系统

MAR 子系统是一级模型中替代变迁 MAR 对应的一个实例，用以描述高速铁路列车运行控制过程中处理行车许可延伸请求并输出请求结果的过程。基于有色 Petri 网的 MAR 子模型如图 3-6 所示。

该子模型中，行车许可延伸请求的处理在 CTCS-3 模式和 CTCS-2 模式下同时进行，过程中 TSR 子系统、CTC 子系统和 CBI 子系统为两种模式下的行车许可生成，同时进行信息交互。这一特点与当前我国高速列车采用 CTCS-3 级列控，CTCS-2 级列控备用，允许中高速列车跨线运行的现状是相符的。此外，该子模型中包括 CTCS2、CTCS3、TSR、CTC 和 CBI 五个替代变迁，new_location、PLAN、BlockSumD、NewMA 四个槽库所，对应一级模型中的端口库所。

如图 3-7 所示，MAR 子模型的总体思路是以当前列车运行状态为基础，同时在 CTCS-2 级列控模式下，和 CTCS-3 级列控模式下，计算行车许可。两个并行计算的行车许可之间并不相互做逻辑判断，而是完全由列车当前运行状态中的列控等级确定最终行车许可结果来源。

两种列控模式下 CTC、TSR 和 CBI 的信息交互关系如图 3-8 所示，两种列控模式下子系统间的信息交互特点和区别主要体现在以下四个方面。

①临时限速信息在该子模型分解粒度大小下并没有本质区别，都是向两种列控模式下达临时限速信息，并接收临时限速实施的反馈结果。两者的区别将在替代变迁 CTCS2、CTCS3 所代表的子模型中体现出来。

②由于 CTCS-3 列控模式下可以实现车地双向传输，因此，变迁 CTCS3 需要向 CTC 实时提供列车运行状态。

③两种列控模式在进路办理上有很大的不同。CTCS-2 列控模式下，车站联锁对区间内闭塞分区进路的控制并不明显，而是以车站列控中心 TCC 根据区间内轨道电路占用状态向列车发送前方空闲闭塞分区数的方式获得行车许可范围。在车站范围内，进路请求也是以车站某一条完整进路为单位进行，即进路请求成功后，该进路范围内的所有闭塞分区的行车许可就都得到了。而在 CTCS-3 列控模式下，不论是在区间还是车站，都是以单个闭塞分区为单位进行行车许可的延伸和缩短。因此，在模型处理上，CTCS-2 模式下的车站进路办理并不存在信息交互的过程，而该信息交互在 CTCS-3 模式下一直存在。

new location
In/Out
TrLocation
CopyLocation
NewLocation1
NewLocation2
TrLocation
(ID,(s1,s2),i,c1,r,((p,q),v0))
(ID,(s1,s2),i,c1,r,((p,q),c0))
((s1,s2),i,(p,q),v0)
Controler2
FC2
INT
TSRC
TSR
TSR2
TSR3
result2
result3
TSRResult
CTCS2
CTCS-2
CTCS3
CTCS-3
CTC
conresult
comfirm
order
CTCAdjust
EState
SA2
SA3
SAR
SAResult
SAReqest
TrState
CBI
NewMA2
NewMA3
MAScope23
select
MA
judge
RandomNum3
Ten2
rax
ro::rl
RouteList
RouteL
Controler
Out
NewMA
BlockSumD
SetBlockSum
NewTCState
TCState2
TCState
NewState
Controler05
NewTCStateL
TCStateL
tc::tcl

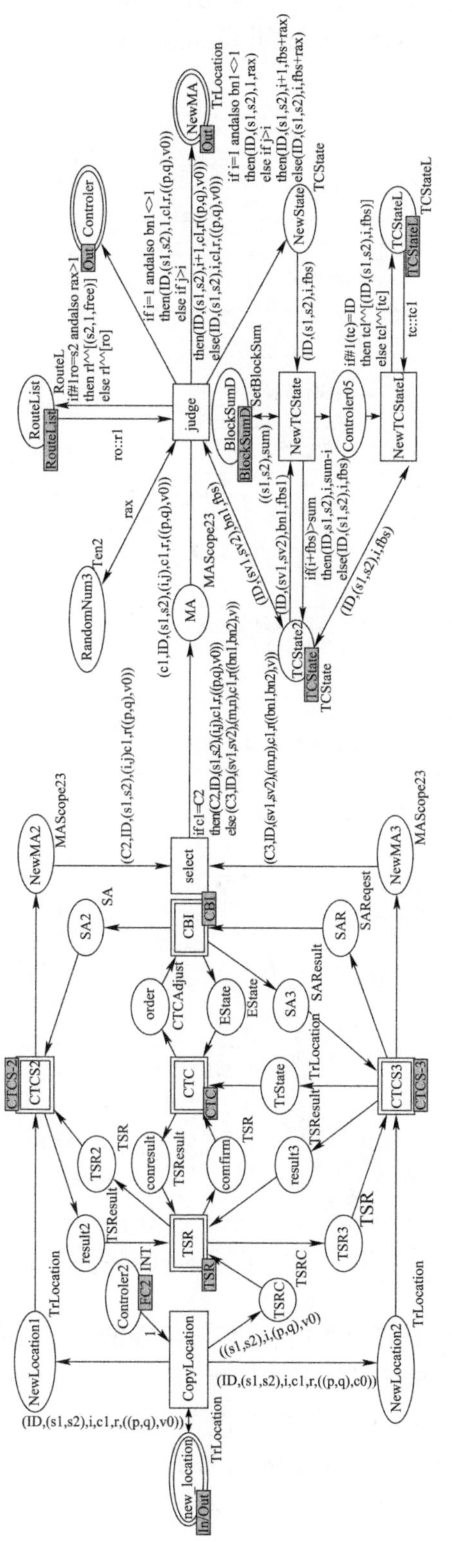

图3-6 MAR子模型

④TSR、CTC 和 CBI 之间的信息交互主要体现在 TSR 与 CTC 之间的临时限速信息确认与审核、CTC 与 CBI 之间现场设备状态信息共享和运行调整计划下达、CTC 与 CTCS-3 模式下列车运行状态信息共享。

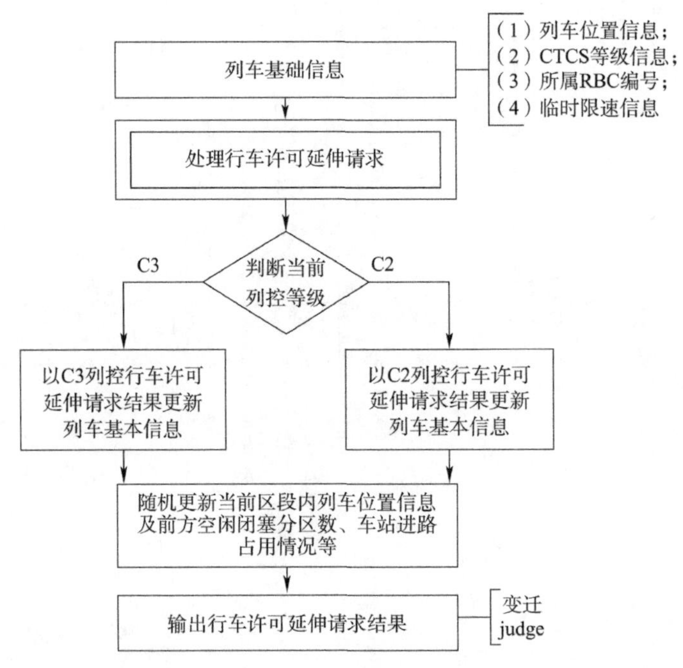

图 3-7　MAR 子模型实现流

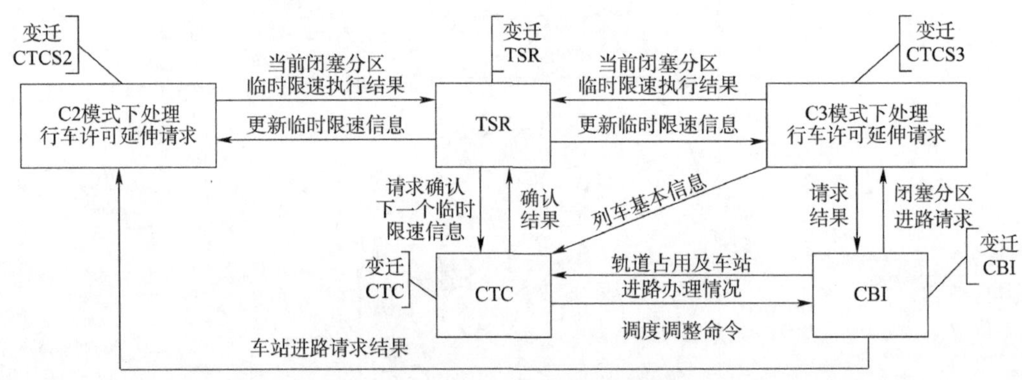

图 3-8　行车许可请求处理流程

(2)MAE 子系统

MAE 子系统是一级模型中替代变迁 MAE 所代表的一个实例，用于描述基于行车许可延伸请求处理结果更新列车运行状态的过程，是 MAR 子系统输出结果的最终执行过程。基于有色 Petri 网建立的 MAE 子模型，如图 3-9 所示。该子模型主要涉及列车运行过程中正常的列控等级转换及 GSM-R 通信故障导致的列控降级、列车所属 RBC 编码信息切换及列车基于行车许可请求处理结果的基本信息更新三部分的内容，其实现流程如图 3-10 所示。

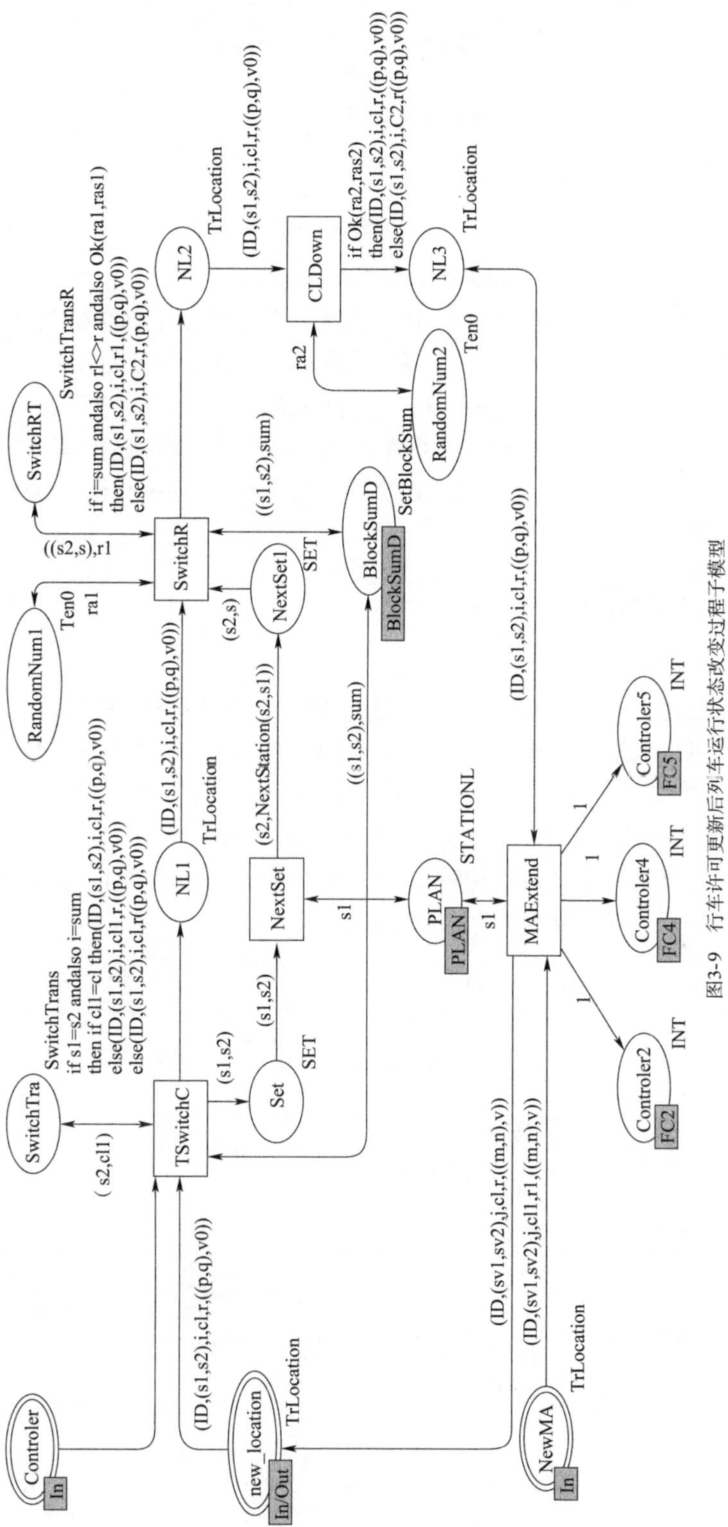

图3-9 行车许可更新后列车运行状态改变过程子模型

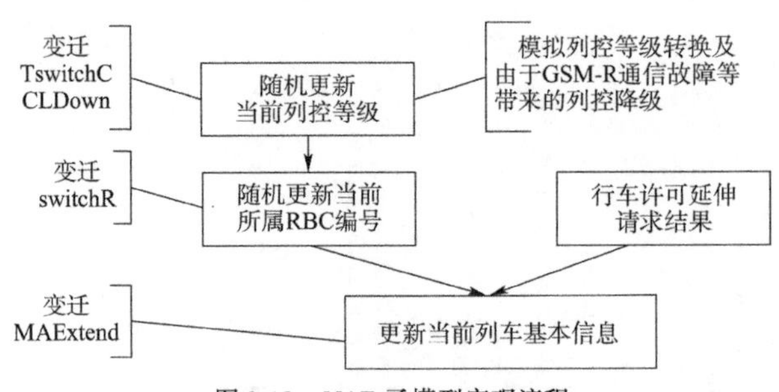

图 3-10 MAE 子模型实现流程

综上所述，二级子模型 MAR 和 MAE 以子系统为粒度描述了计算机联锁子系统 CBI、调度集中子系统 CTC、临时限速子系统 TSR 和列控子系统 CTCS 在列车运行控制过程中的信息交互关系及系统总体功能实现流程。在三级子系统中，逐一针对各子系统基于其他外界子系统提供的信息完成子系统功能需求并输出相应信息的过程描述。其中，外界输入信息即为子系统输入库所，外界输出信息为子系统的输出库所，子系统将输入信息转换为输出信息的过程即为系统功能实现机理。

3.3.4 三级子模块建模

（1）CTCS2 子系统

CTCS2 子系统是上一级 MAR 中替代变迁 CTCS2 的一个实例，代表 CTCS-2 级列控模式下的新的行车许可形成过程。此粒度下，CTC 调度系统、TSR 临时限速系统、计算机联锁系统与 CTCS-2 级列控之间的信息交互都以接入信息、输出信息表示，分别对应模型中带有“In”“Out”标识的槽库所。如图 3-11、图 3-12 所示，该子系统并行处理当前闭塞分区内临时限速信息的执行情况和行车许可延伸请求两部分内容。其中，行车许可延伸请求的处理根据列车当前位置的不同可以分为以下三种情况。

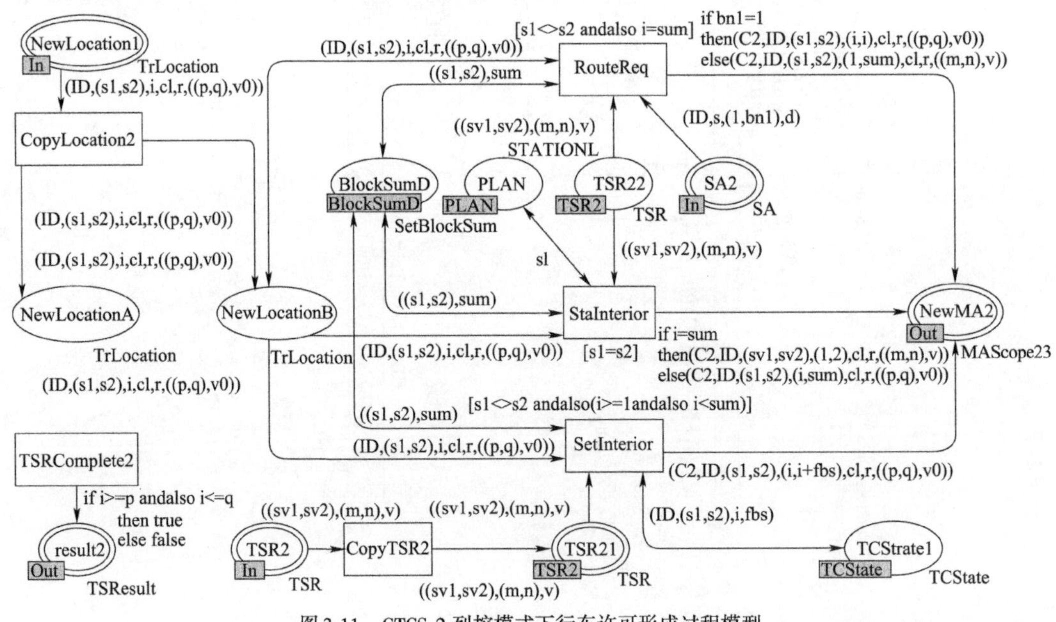

图 3-11 CTCS-2 列控模式下行车许可形成过程模型

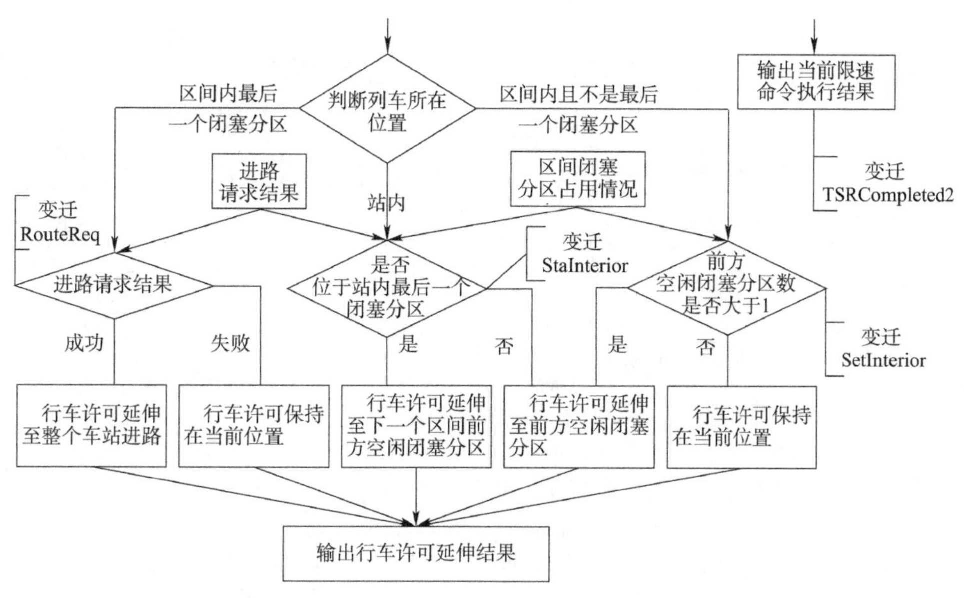

图 3-12 CTCS2 子模型实现流程

①当列车处于区间内最后一个闭塞分区时,行车许可请求结果基于前方车站的进路请求结果,若请求成功则获得整条进路的行车许可,若失败,行车许可保持在当前位置。

②当列车位于区间且不是最后一个闭塞分区时,行车许可请求结果取决于列车前方空闲闭塞分区数。

③当列车位于车站进路内时,C2 模式下列车已经获得整条进路的占用权,其行车许可延伸至车站进路最后一个闭塞分区。

(2)CTCS3 子系统

CTCS3 子系统是二级子系统 MAR 中替代变迁 CTCS3 的一个实例,代表 CTCS-3 列控模式下新的行车许可的形成过程。与 CTCS2 子系统类似,CTCS3 同样是该粒度下的过程封装,与外界信息的交互通过带有"In""Out"标识的槽库所实现。如图 3-13、图 3-14 所示,该子系统并行实现列车状态信息的实时传送、临时限速实施反馈、新行车许可生成以下三个部分。

①变迁 InfTrans 表示 CTCS-3 模式下车地双向传输。列车通过 GSM-R 和 RBC 基站实时向 CTC 调度集中传输列车运行状态。

②变迁 TSRComplete3 表 CTCS-3 模式下临时限速的实施。实施的前提是列车当前所在的闭塞分区位于临时限速范围内,列车运行状态中的临时限速信息更新完成后向 TSR 反馈实施结果。

③变迁 SAReq 和变迁 SAExtend 完成 CTCS-3 列控模式下的下一次循环的新的行车许可请求和当前循环下的行车许可请求处理结果。

以变迁 SAExend 为例,图 3-15 简述了变迁触发的过程,输入库所提供初始条件信息,变迁触发改变输出库所标识。改变原理是通过 CPN Tools 自带的 Standard ML,基于条件语句表达不同初始条件下的输出库所标识。

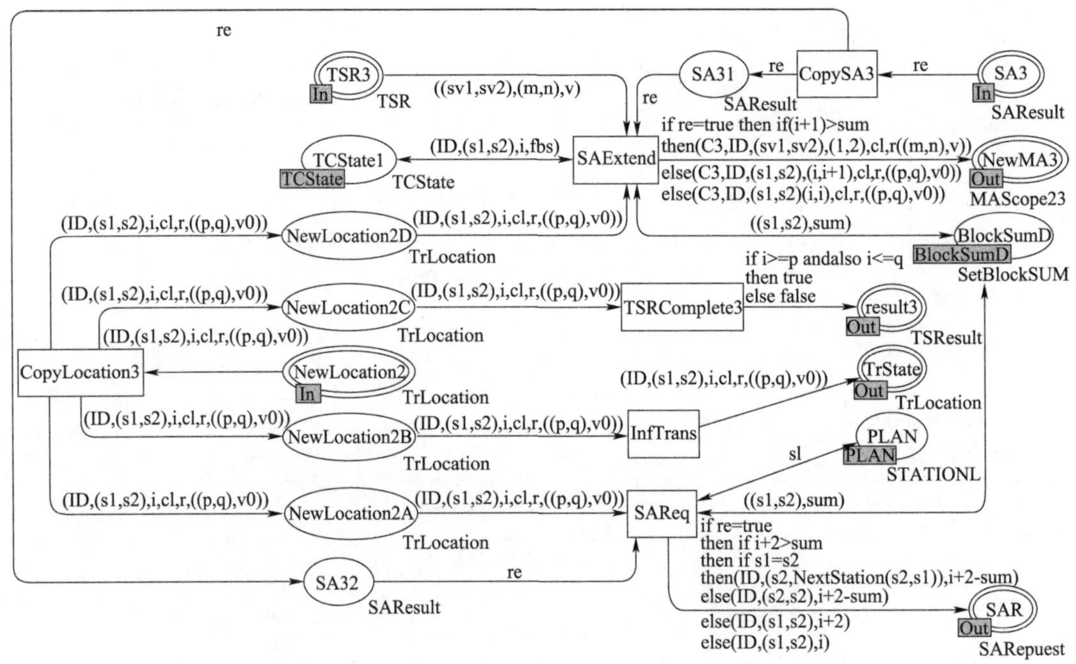

图 3-13 CTCS-3 列控模式下行车许可形成过程模型

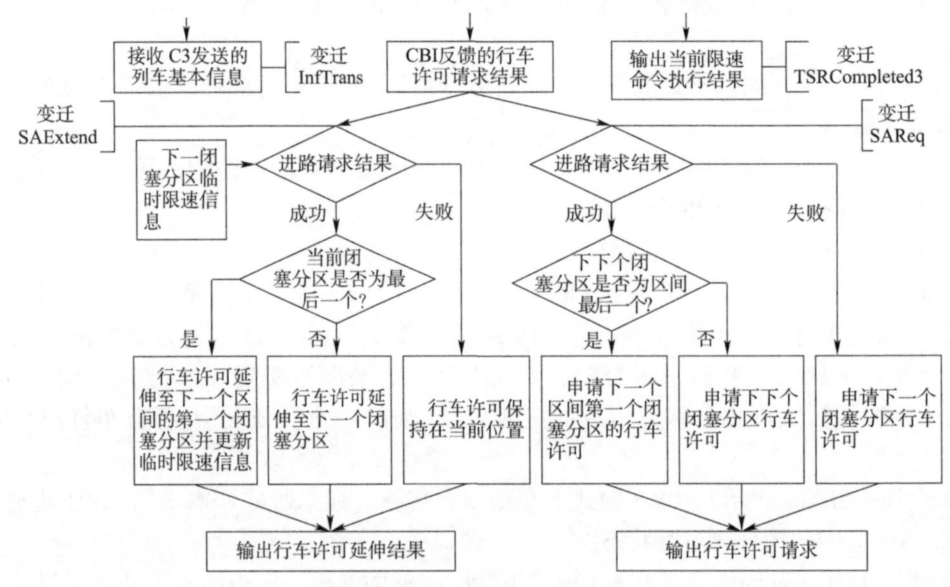

图 3-14 CTCS3 子模型实现流程

(3)CTC 子系统

CTC 子系统是二级 MAR 子系统中替代变迁 CTC 的一个实例,表示 CTC 的信息处理过程。如图 3-16、图 3-17 所示,该子系统主要并行实现临时限速确认审核、现场状态监督和列车运行调整三个部分。其中变迁 CTCConfirm 对临时限速的确认审核功能、变迁 CTCSupervise 对现场轨道电路及车站进路占用状态的监督功能并未表达具体实现过程,只是为了保证 CTC 子系统功能模块的完整性。变迁 CTCAdjust 对列车运行计划的调整采用了随机函数,通过随机函数设置运行调整发生概率。需要运行调整时,将列车延迟时间设置为3min;若无延时,则将列车延迟时间设置为0。

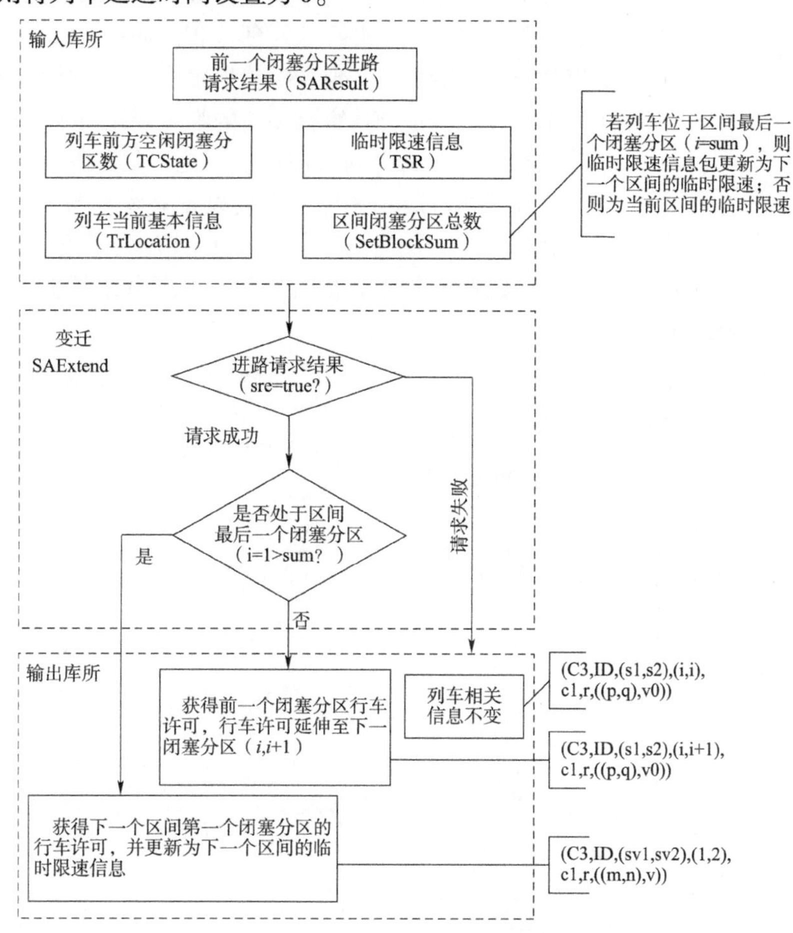

图3-15 变迁SAExtend的触发原理

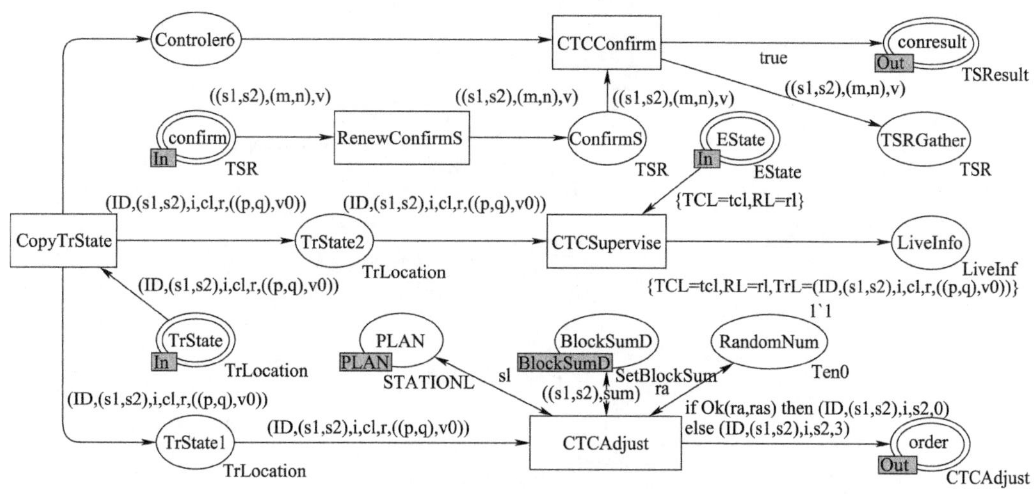

图3-16 CTC信息处理过程模型

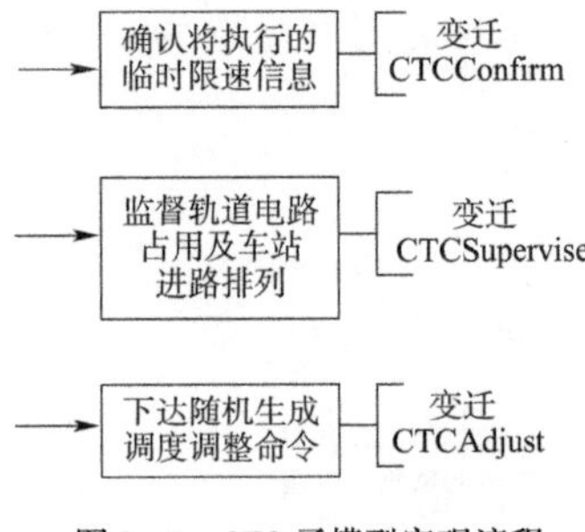

图3-17 CTC 子模型实现流程

(4)TSR 子系统

TSR 子系统是二级子系统 MAR 中替代变迁 TSR 的一个实例,标识临时限速的信息处理流程。如图 3-18、图 3-19 所示,TSR 子系统的功能实现主要包括接收临时限速命令反馈结果、临时限速命令的确认审核和新的临时限速命令下达三个部分。其中变迁 TSRCompleted 将已经实施的临时限速命令集中存储到库所 TSRfinished 中,为后续设置观察信标奠定基础;变迁 TSRConfirm 完成对临时限速信息的审核,变迁 NewTSR 通过列车当前所在闭塞分区位置查找临时限速服务器中该位置及下一闭塞分区的临时限速设置情况,下达新的临时限速命令。

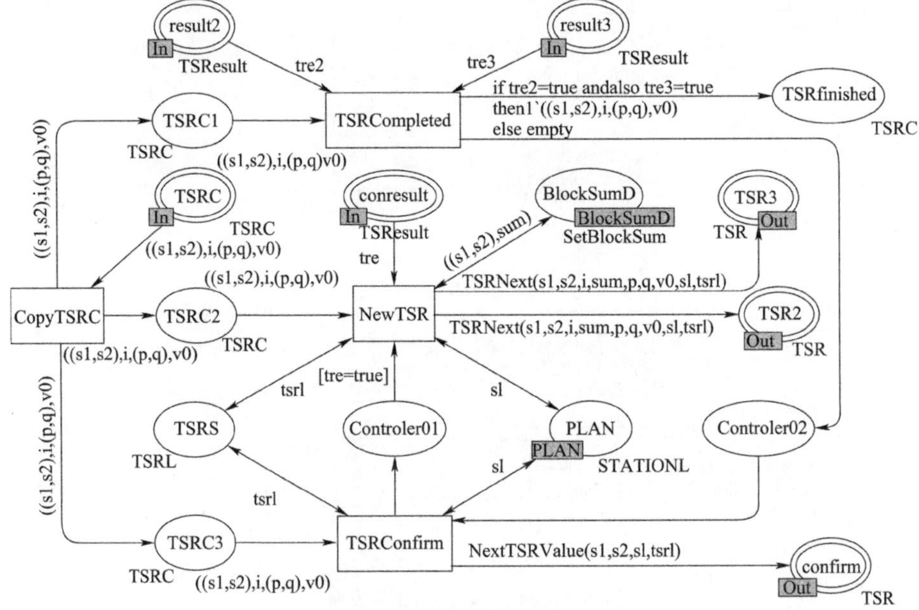

图3-18 临时限速子系统信息处理过程模型

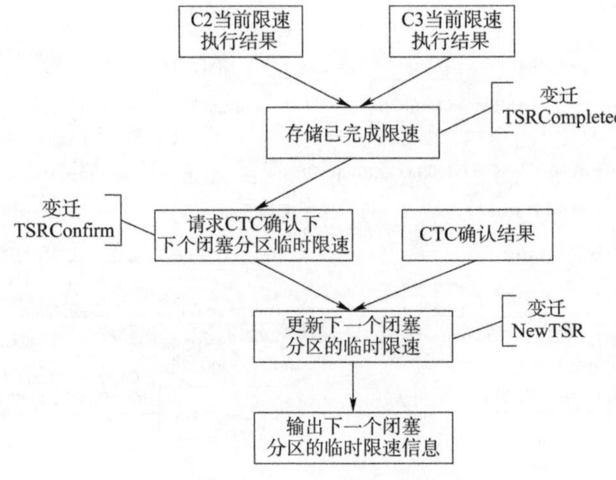

图3-19 TSR 子模型实现流程

(5)CBI 子系统

CBI 子系统是二级子系统 MAR 中替代变迁 CBI 的一个实例,描述计算机联锁系统的信息处理过程。如图 3-20、图 3-21 所示,计算机联锁系统的信息处理主要包括对 CTCS-2 模式下车站进路办理、CTCS-3 模式下单个闭塞分区进路请求处理结果反馈和收集现场设备状态信息发送到 CTC 调度集中显示屏三个部分。变迁 CBIRoute2 依据列车当前所在位置,当其位于区间最后一个闭塞分区时通过查找车站进路库所 Route 中的空闲进路实现对 CTCS-2 模式下的车站进路办理。变迁 CBIRoute3 对 CTCS-3 模式下的闭塞分区进路请求基于轨道电路占用情况做出反馈。变迁 CBIInfTrans 用于实现车站计算机联锁信息对现场设备包括轨道电路占用情况、进路办理情况等信息实时传递给 CTC 调度集中系统。

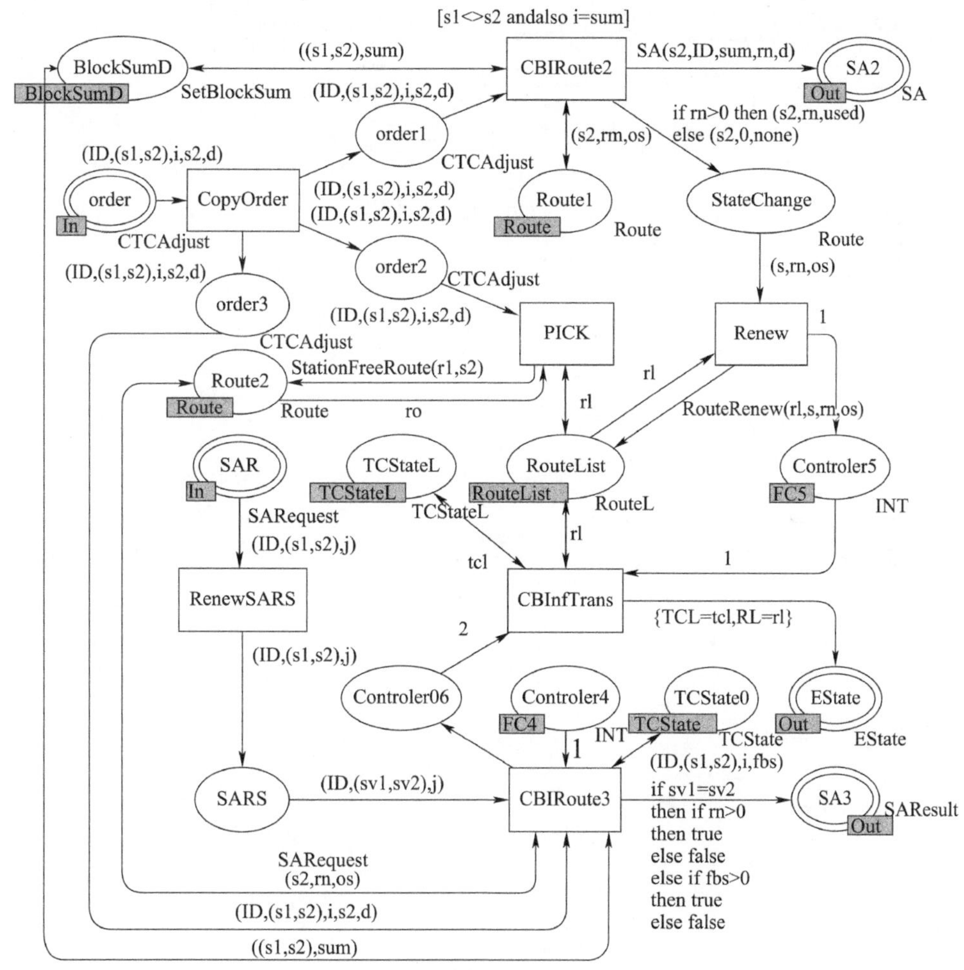

图 3-20 计算机联锁系统信息处理过程建模

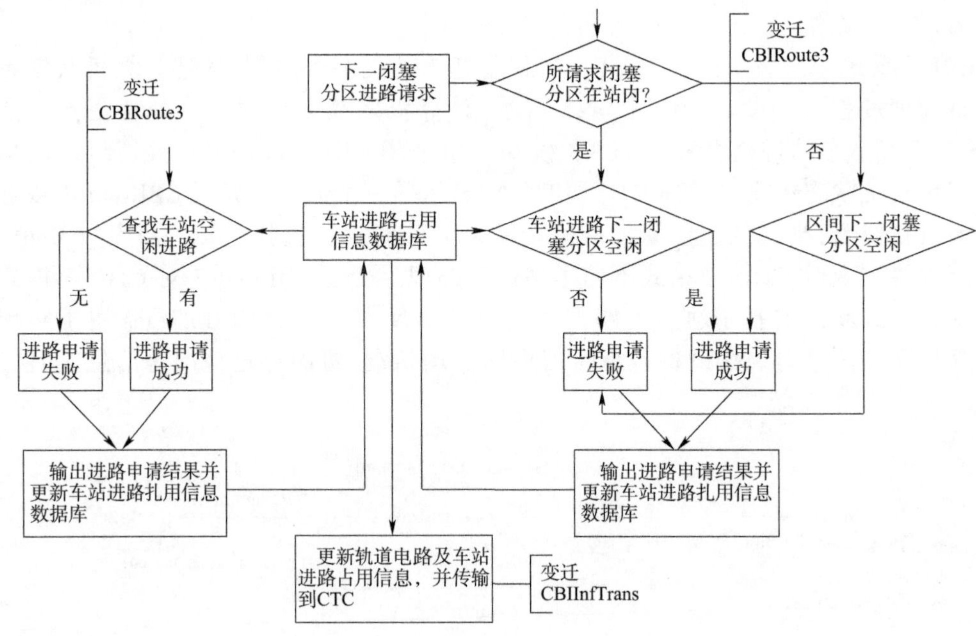

图 3-21　CBI 子模型实现流程

第 4 章　高速铁路列车运行控制过程结构脆性

4.1　列车运行控制过程结构模型

高速铁路列车运行控制过程结构脆性的分析研究，足以新的行车许可生成过程中各子系统、子单元间的信息交互关系及事件发生的逻辑顺序关系为对象的，探讨其在脆性源激发下可能引发的脆性传播过程及抗干扰能力。相比于本书第 3 章建立的高速铁路列车运行控制过程基础模型，该模型变形主要集中在以下两点。

(1) 对模型逻辑顺序关系要求的改变

基础模型实现了高速铁路列车循环请求行车许可延伸，直至完成列车运行任务的整个循环过程。在基础模型建模中，为了提高模型仿真效率，在不影响循环推进的前提下加入了部分控制库所，人为限定了变迁间的顺序触发关系。而在结构模型中不仅要求不能影响仿真推进，而且应当尽量还原模型中的同步、冲突、顺序等逻辑关系，从而保证结构脆性的计算结果贴合实际。

以 TSR 子系统为例，变形后的 TSR 子模型如图 4-1 所示。

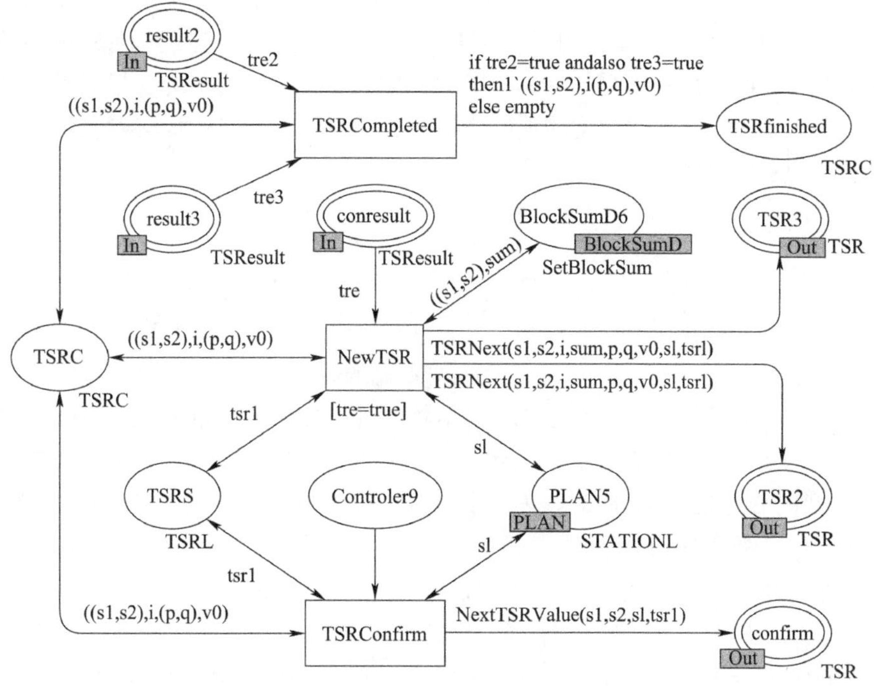

图 4-1　变形后的 TSR 子模型

通过对比基础模型和结构模型中的 TSR 子模型实现流程可以发现,基础模型中变迁 TSRCompleted、变迁 TSRConfirm、变迁 NewTSR 通过库所 Controler02 和库所 Controler01 人为限定为顺序触发关系。而在结构模型中三个变迁为同步并发关系,即三者任意一个变迁的触发并不受其他两个的影响。基础模型中人为限定变迁触发顺序关系的机理是当且仅当 TSRCompleted 触发后,库所 Controler02 才能注入托肯并用于变迁 TSRConfirm 的使能和触发。变迁 TSRConfirm 与变迁 NewTSR 的顺序触发关系同理。变形后的 TSR 子模型实现流程如图 4-2 所示。

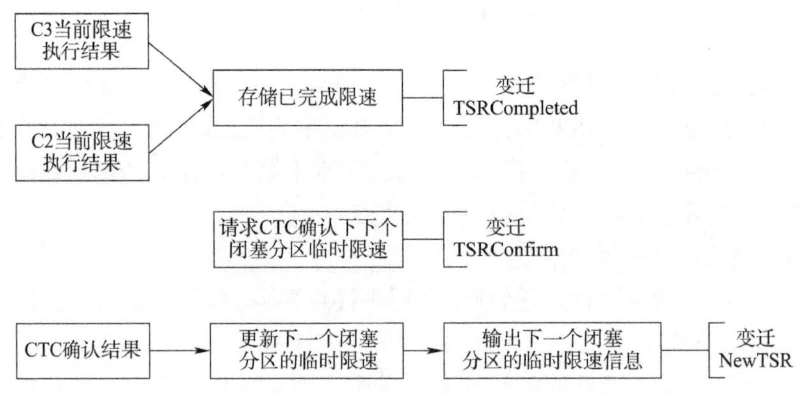

图 4-2 变形后的 TSR 子模型实现流程

(2)顶层模型的改变

基础模型以单个闭塞分区为单位,逐步请求延伸行车许可,直至达到仿真终止条件。在推进的过程中实现列车位于车站、区间等不同情景集下的行车许可请求延伸仿真。而在变形后的结构模型中,以单次行车许可的形成过程为建模对象,列车位于车站、区间等不同情景集下的单次循环通过设置模型初始标识的方式实现。图 4-3 所示为变形后的结构模型的顶层模型。相比于图 3-6 基础模型的顶层模型,结构模型实现单次列车运行控制过程,而不再以多次循环为主要目的。

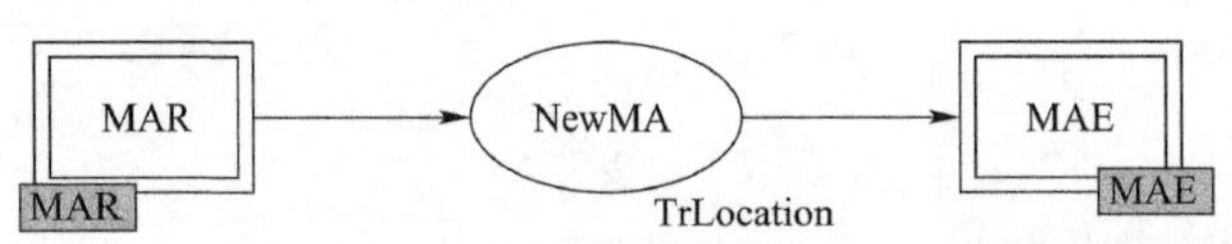

图 4-3 变形后的顶层模型

变形后的结构模型依然保持三级层次结构关系,系统涉及的临时限速子系统 TSR、计算机联锁子系统 CBI、调度集中子系统 CTC 和列控子系统 CTCS 间的信息交互关系保持不变。模型内变迁的结构关系如表 4-1 所示,依据有色 Petri 网的建立规则,一级变迁、二级变迁和三级变迁通过替代变迁的形式向下包含。以一级变迁 MAR 为例,替代变迁 MAR 所代表的模型子页包含 CTCS2、CTCS3、CBI、TSR 和 CTC 五个二级变迁,其中以 CTCS2 为例,其作为 CTCS2 子页的替代变迁包含 CopyTSR2、TSRComplete2、RouteReq、StaInterior、SetInterior 五个三级变迁。变形后的系统结构模型可参见本书附录 4。

模型变迁层次结构　　表4-1

一级变迁	二级变迁	三级变迁	一级变迁	二级变迁	三级变迁
MAR	CTCS2	CopyTSR2	MAR	CBI	CopyOrder
		TSRComplete2			CBIRoute2
		RouteReq			CBIRoute3
		StaInterior			RenewSARS
		SetInterior			CBInfTrans
	CTCS3	SAExtend		TSR	TSRCompleted
		SAReq			NewTSR
		TSRComplete3			TSRConfirm
		InfTrans	MAE	TSwitchC	—
		CopySA3		NextSet	—
	CTC	RenewConfirmS		SwitchR	—
		CTCConfirm		CLDown	—
		CTCSupervise		MAExtend	—
		CopyTrState			
		CTCAdjust			

4.2 结构脆性度量及仿真实现

4.2.1 结构脆性定义

(1)状态空间生成

变形后的高速铁路列车运行控制过程结构模型可以实现单次列车行车许可更新及实施的过程模拟,即高速列车的单次列车运行控制。不同于基础模型,该结构模型的运行情境需要通过设置模型的初始标识来实现。以区间内的单次列车运行控制为例,假设有A、B、C、D、E五个车站,G201、G203和G205三列列车,假设列车G201当前所在位置为区间(C,D)第三个闭塞分区,单次列车单次运行控制实现对第四个闭塞分区的请求进路许可,并根据返回的请求结果更新G201的位置。系统内除控制库所之外含有初始标识的库所见表4-2。

库所初始标识　　表4-2

库　所	初始标识
Location	1`("G201",("C","D"),3,C3,1003,((2,7),160))
TCState	1`("G201",("C","D"),3,2) + +1`("G203",("C","C"),2,0) + +1`("G205",("B","C"),2,1)
BlockSumD	1`(("A","B"),3) + +1`(("B","B"),2) + +1`(("B","C"),4) + +1`(("C","C"),2) + +1`(("C","D"),7) + +1`(("D","D"),2) + +1`(("D",E"),5)

续上表

库　　所	初始标识
PLAN	1`["A","B","C","D","E","F"]
SwitchTra	1`("A",C3) + +1`("B",C2) + +1`("C",C3) + +1`("D",C3) + +1`("E",C3)
SwitchRT	1`(("A","B"),1001) + +1`(("B","C"),1002) + +1`(("C","D"),1003) + +1`(("D","E"),1003) + +1`(("E","F"),1004)
Route	1`("D",0,none)
RouteList	1`[("A",1,used),("B",1,free),("B",2,used),("C",1,free),("C",2,used),("C",3,used),("D",1,used),("D",2,free),("E",1,free),("E",2,free)]
TSRS	1`[(("A","B"),(1,2),250),(("C","D"),(2,7),160)]

库所 Location 存储列车基本信息，目标列车 G201 位于区间(C,D)的第三个闭塞分区，目前处于 CTCS-3 级列控模式下，RBC 所属编号为 1003，当前所处区间在闭塞分区(2,7)范围内限速 160km/h。库所 RouteList 为车站进路数据库，存储车站进路状态信息；车站 A 只有一条进路，且处于占用状态；车站 B 包含两条进路，其中编号为 1 的进路为空闲状态，编号为 2 的进路为占用状态；车站 C 包含三条进路，编号为 1 的进路为空闲状态，编号为 2 和 3 的进路均为占用状态；车站 D 包含两条进路，其中编号为 1 的进路为占用状态，编号为 2 的进路为空闲状态；车站 E 包含两条进路，均处于空闲状态。三列列车分别位于区间(C,D)第三个闭塞分区、车站 C 第 2 条进路和区间(B,C)第二个闭塞分区。此外，库所 BlockSumD 预设了区间闭塞分区总数，SwitchRT 规定了区段内 RBC 编码管辖范围，库所 TSRS 预设了区段内临时限速的位置及速度信息。

模型标识初始化完成后，基于有色 Petri 网和 CPN Tools 中的高速铁路列车运行控制信息传递结构模型处于可仿真状态，即模型中的部分变迁处于使能状态。利用 CPN Tools 中的状态空间分析工具模板，计算模型的状态空间。部分状态空间如图 4-4 所示。

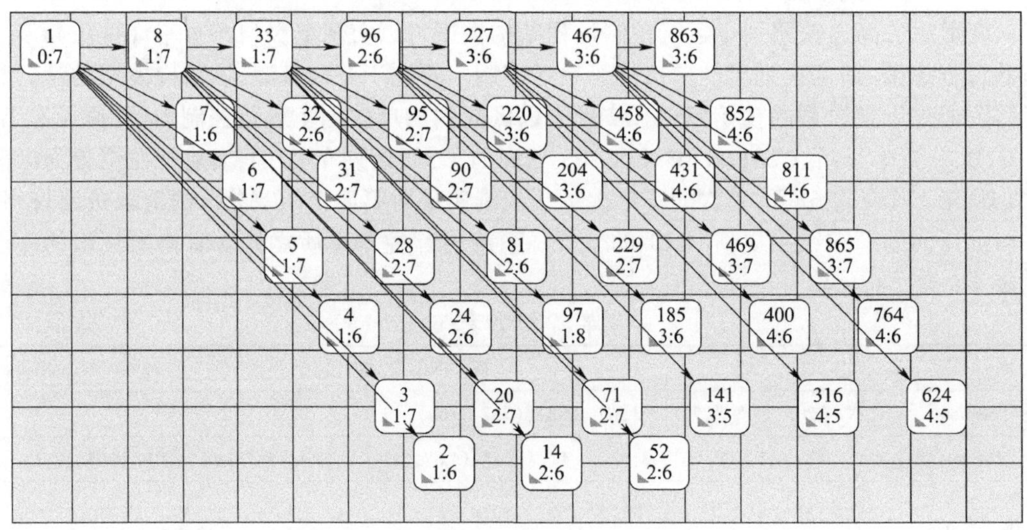

图 4-4　结构模型部分状态空间示意图

结构模型的状态空间描述了系统从初始状态节点(节点 1)到完成单次列车运行控制的所有可能路径。任一节点为系统在功能实现过程中的一个可能中间状态,相邻节点间的有向线段为引发系统状态节点改变的变迁及其绑定元素。以节点 1 与节点 8 为例,展开节点标识及有向线段含义如图 4-5 所示。节点 1 到节点 8 间的状态改变是 MAR 子模型中的变迁 TransLoca 触发引起的,触发时相关变量的取值如图 4-5 所示,变迁的触发消耗了输入库所 Controler1 中的托肯,其标识由 1`()变为空,而输出库所 CopyLoca 由原来的 empty 转换为 1`("G201",("C","D"),3,C3,1003,((2,7),160)),实现列车基本信息的传递。库所 Location 既为变迁 TransLoca 的输入库所也是输出库所,标识保持不变。需要特别说明的是,节点标识包括了当前模型内所有库所的标识,此处只是为了描述方便,仅将状态改变相关的库所表示了出来。

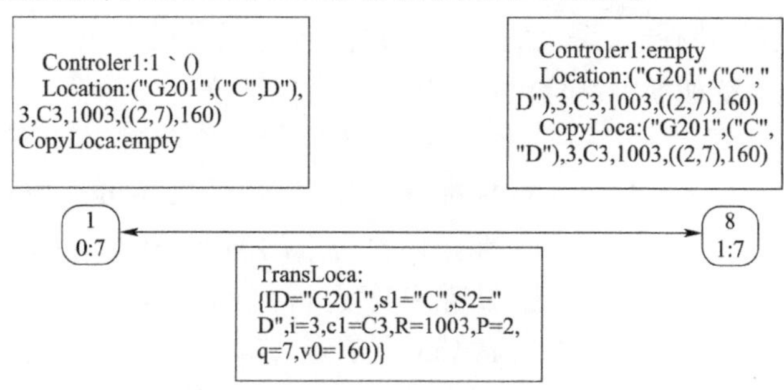

图 4-5 节点 1 与节点 8 间状态改变原理示意图

(2)脆性源及系统崩溃标准定义

模型状态空间既包含了系统功能实现过程中的全部可能状态节点及其发生路径,还包括了引发系统状态功能改变的相关变迁及其绑定元素。因此,在高速铁路列车运行控制过程结构脆性的分析中,脆性源节点既可以是系统功能实现过程中的某一状态,即某状态空间节点,也可以是代表系统某功能实现的某一事件,即变迁。以某变迁为脆性源时,可基于状态空间内有向弧与变迁间的对应关系找到相应的脆性源弧。该脆性源弧必将直接导致脆性源弧的宿节点崩溃,因此可将这些输出节点作为脆性源计算相应结构脆性指标。该过程可基于 CPN Tools 兼容的 Standard ML 实现。以 CTCS2 子模型中的变迁 CopyTSR2 为例,求解该变迁对应的模型状态空间脆性源节点如下所述。

①考虑到 CPN Tools 对状态空间内弧的描述以字符串的形式存储,建立辅助函数 Match,用于判断字符串 sl 中是否含有子字符串 s,包含则返回 true,否则返回 false。

```
fun Match(sl:string list,s:string) = if sl = [ ]then false
else if hd sl = s then true else Match(tl sl,s)
```

②以"CTCS2'CopyTSR2"为目标字符串,遍历状态空间弧描述,若 Match 函数返回 true,则将该弧的宿节点返回并存入节点集 NL 中,否则不返回直至遍历结束。

```
val A = NoOfArcs( );  //得到状态空间弧总数
fun NodeInfect(a:Arc,nl:Node list) = if a < 1 then nl
else if Match(String. tokens Char. isSpace(ArcDescriptor a),"CTCS2'CopyTSR2")
thenNodeInfect(a - 1,(DestNode a)::nl)
else NodeInfect(a - 1,nl)  //脆性源节点查找函数
val NL = NodeInfect(A,[ ])  //脆性源节点计算
```

高速铁路列车运行控制过程结构脆性是脆性源节点崩溃后,以状态空间节点间的脆性关联关系为脆性传播路径,逐渐扩大脆性影响,并最终导致系统崩溃的过程。如前文所述,系统崩溃是一种系统不再能够实现系统功能的状态,在具体的应用系统中需要根据应用系统特点进行分析辨别。高速铁路列车运行控制过程结构模型的功能是实现一次列车运行状态更新,即 MAE 子模型中的 NewLocation 库所标识由 Empty 变为颜色集为 TrLocation 的托肯。在当前初始标识下,列车 G201 位于区间(C,D)第三个闭塞分区且前方含有 2 个空闲闭塞分区,因此模型功能实现完成后该库所的标识为 1`("G201",("C","D"),4,_,_,((2,7),160))。其中_为不确定信息。因此,将包含该标识的所有状态空间节点纳入目标节点集 DNL,规定系统崩溃的标准为当且仅当状态空间内不存在一条从初始节点到目标节点集 DNL 内任意节点的有效路径时,系统崩溃。由此,复杂系统脆性理论中脆性概念涉及的脆性源、脆性传播路径及系统崩溃标准均已定义完毕。

Statistics	
State Space	Scc Graph
Nodes: 19455	Nodes: 19455
Arcs: 184410	Arcs: 184410
Secs: 157	Secs: 3
Status: Full	

图 4-6 部分标准查询报告

除了生成状态空间并基于 Standard ML 进行非标准查询外,工具模板还可生成标准查询报告。标准查询报告中的静态统计部分如图 4-6 所示。高速铁路列车运行控制过程结构模型的状态空间包括 19455 个节点,184410 条弧,其中基本状态空间的计算在 157s 内完成,而强连通图状态空间在 3s 内完成,这也说明了强连通图在问题复杂度消解上的优势。两者在节点数和弧上是一致的,说明模型状态空间内不存在圈。此外,状态空间的状态为 Full,说明目前模型的状态空间是完整的,模型内不存在可以进一步触发的变迁。因此,下文中基于状态空间的模型结构脆性分析是在一个完整的没有圈的状态空间内进行的,在考虑脆性传播路径时,可将状态空间看作一个简单有向图。

4.2.2 结构脆性分析平台的构建

根据模型标准查询报告,高速铁路列车运行控制信息传递过程模型的状态空间含有 19455 个节点,184410 条有向弧。尽管该状态空间为一个没有圈的简单有向图,但是由于状态空间内节点及有向弧的总数基数较大,需要考虑在模型结构脆性分析中对状态空间的大量查询、筛选操作,难免对脆性指标计算复杂度提出的挑战问题。此外,CPN Tools 自带的 Standard ML,作为一种函数式程序设计语言,要求引用透明性,多采用递归函数的形式,通过设置不同的参数来得到相应的数据,计算过程过于繁杂。与之相对的,C#、JAVA 等面向对象的程序设计方法能够大幅提高编码效率和可读性,尤其是在面对相对复杂的系统时,这一特性愈加明显。因此,本书尝试将 Standard ML 与 C# 连接起来,建立系统状态空间脆性分析仿真平台。其中,Standard ML 利用文件流,将系统状态空间数据输出到文本文件中;基于 C#的窗体应用程序,通过文件调用的方式读取系统状态空间,并利用 C#设计脆性指标的计算过程,完成模型的脆性分析。该平台的仿真流程如图 4-7 所示。

模型状态空间数据以节点输入集 SSI、节点输出集 SSO 的形式,基于 Standard ML 语言文件流工具输出到文本文件中。其中,节点输入集 SSI、节点输出集 SSO 的定义如下。

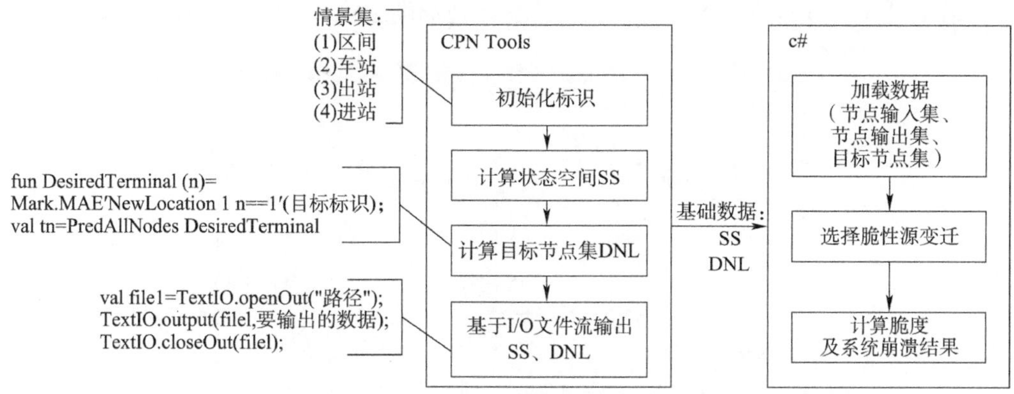

图 4-7 状态空间脆性分析系统仿真流程示意图

$$SSI = \{(i, I_i) \mid i = 1, 2, 3, \cdots, 19455; I_i = \{节点\ i\ 的输入节点\}\} \tag{4-1}$$

$$SSO = \{(j, O_j) \mid j = 1, 2, 3, \cdots, 19455; O_j = \{节点\ j\ 的输出节点\}\} \tag{4-2}$$

高速铁路列车运行控制过程结构脆性的分析步骤如下。

①基于 CPN Tools 自带的状态空间工具模板计算系统状态空间 SS(State Space),并以节点输入集合 SSI、节点输出集合 SSO 描述状态空间,并利用 Standard ML 语句和 I/O 文件流输出。以节点输入集和 SSI 输出为例,Standard ML 编程示例如图 4-8 所示。

```
val N=NoOfNodes ();//获取状态空间节点总数
fun AllNodesL(n:Node,nl:Node list)=if n<1 then []
else (n::nl)^^AllNodesL(n-1,nl)
val ANL=AllNodesL(N,[]) //生成全部节点列表
fun IntToList(nl:Node list)=if nl=[] then ""
else concat([Int.toString(hd nl),"#",ListToString(InNodes(hd nl))])^"\r\n"^IntToList(tl nl) val
NodeI=IntToList(ANL);//获取全部节点输入集合，输出格式为：节点#节点输入集合
val file1=TextIO.openOut("E:/ OutPutSS/temp/SSI.txt");
TextIO.output(file1,NodeI);
TextIO.closeOut(file1);//基于文件流输出NodeI到E:/ OutPutSS/temp/NodeI.txt
```

图 4-8 节点输入集 SSI 输出编程示例

②基于 C#建立系统状态空间分析脆性窗体应用程序。如图 4-9 所示,该程序主要包括系统登录页面、数据调用页面(包括节点输入集 SSI、节点输出集 SSO 和目标节点集 DNL)、脆性源变迁选择页面和脆性指标计算页面四个页面。页面出现顺序设计体现了脆性分析的主要步骤。其中,脆性源变迁选择页面将系统结构模型内的全部变迁显示在页面上,通过选择框的方式提供用户自由选择脆性源变迁,系统后台程序将脆性源变迁与其对应的状态空间节点关联起来,用于进一步的脆性指标计算。

选定脆性源变迁后,脆性指标计算页面用于计算选定的脆性源变迁集合的脆度、基于前文中的系统崩溃标准判断系统是否崩溃并输出崩溃节点列表。控件“开始计算”的点击事件即脆性指标的计算思路如下:设系统状态空间为 Ω,脆性源节点集合为 Ω_s,系统可实现节点

集合为 Ω_g,受脆性源节点集合脆性传播影响导致最终系统不可实现的节点集合为 Ω_b,仿真开始前有 $\Omega_b=\Omega_s$、$\Omega_g=\Omega-\Omega_s$。脆性指标计算流程如图 4-10 所示。

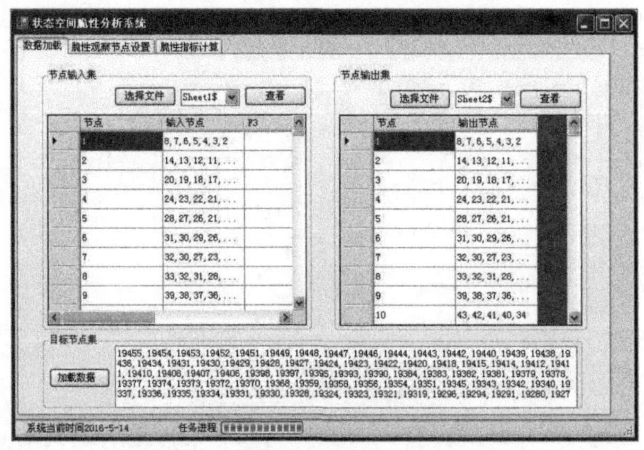

图 4-9　系统状态空间脆性分析窗体界面

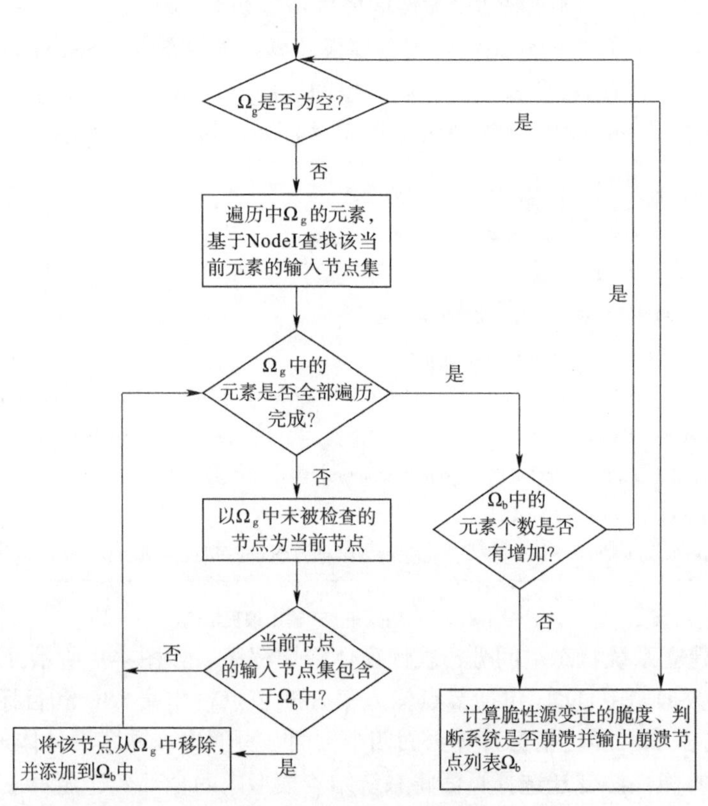

图 4-10　脆性指标计算流程图

需要特别说明的是,考虑到模型状态空间内节点较多,在判断系统是否崩溃时,仿真程序并未从正面出发计算从初始节点到目标节点集 DNL 的所有可能有效路径,而是另辟蹊径,专注于该有效路径是否存在。具体实现步骤如下:将初始节点放入可达集中,循环遍历可达集中节点的输出节点集,并将输出节点集添加到可达集内。一次循环结束判断新增节点是否包含在目标节点集内,若包含则存在一条从初始节点到目标节点集 DNL 的有效路径,系统未崩溃。否则若遍历完初始节点的所有可达节点之后,仍未找到一条目标节点集的可达路径,可认为系统崩溃,目标节点集在该脆性源影响下不可达。

4.3 结构脆性度量实验

4.3.1 实验情景集设置规则

如前文表 4-1 所示,高速铁路列车运行控制过程结构模型的层次结构划可分为一级变迁、二级变迁和三级变迁三层。这样的层次结构关系同样体现在系统状态空间脆性分析系统仿真平台中的脆性源变迁选择界面,如图 4-11 所示。

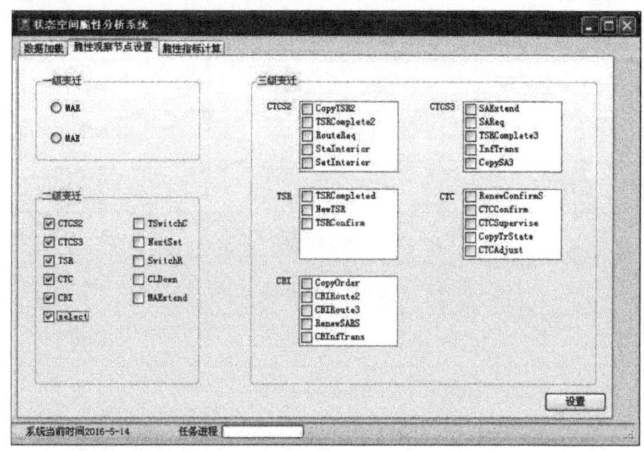

图 4-11 脆性源变迁选择界面

脆性源变迁的选择具有以下规则:

①一级变迁 MAR 和 MAE 为最高级别的变迁,两者涵盖了模型内所有变迁,当两者均为脆性源变迁时,模型内所有变迁都处于崩溃状态,没有脆性分析的意义,因此一级变迁采用单选框,在脆性源变迁选择中,最多只可选择其中之一为脆性源变迁。

②二级变迁和三级变迁为复选框,脆性源变迁选择既可选同等级内的多个变迁,也可选择不同等级内的多个变迁。

③当高等级变迁被选为脆性源变迁时,其下属的低等级变迁均为脆性源变迁。反之,当且仅当高等级变迁下属的所有低等级变迁全部被选为脆性源变迁时,该高等级变迁自动加入脆性源变迁集。以二级变迁 CTCS2 为例,当 CTCS2 被选为脆性源变迁时,CTCS2 下属的所有三级变迁 CopyTSR2、TSRComplete2、RouteReq、StaInterior 和 SetInterior 均自动加入脆性源变迁集。

以上规则设置均通过设置选择框 checked 属性、visible 属性实现。

尽管模型状态空间脆性分析系统能够以模型内任意变迁组合为脆性源探讨系统结构脆性,但为了系统结构脆性指标的进一步统计分析,结构脆性度量实验中,脆性源变迁依次设置为单个三级变迁、单个二级变迁和单个一级变迁。根据脆性源变迁的设置规则可以知道,二级变迁和一级变迁这两个高等级变迁为脆性源变迁时,尽管从高等级变迁的角度来说,被选择的变迁只有一个，其下属的所有低等级变迁与该高等级变迁一起组成脆性源变迁集合。这样的脆性源变迁集合设置为进一步基于结构脆性指标，分析其在系统功能实现过程中的作用大小及相互关联关系奠定了基础。

4.3.2 结构脆性指标计算结果分析

基于结构脆性度量实验的情景集设置，分别计算模型内所有变迁的脆性指标，计算结果见表 4-3。其中变迁 RouteReq、StaInterior 等变迁脆度计算结果为 0%，即以该变迁为脆性源变迁时，其崩溃状态对系统功能实现没有任何影响。原因是在当前情景集下列车位于区间，其行车许可请求过程不涉及车站进路请求。在 CTCS2 子模型中变迁 RouteReq、变迁 StaInterior、变迁 SetInterior 为潜在冲突变迁，即根据列车所在位置，一次循环中有且仅有一个变迁触发。同理可推出三级变迁 CBIRoute2 的计算结果。

结构脆性指标计算结果　　表 4-3

一级变迁	二级变迁	三级变迁	脆度(%)	系统是否崩溃
MAR			99.89	是
	CTCS2		65.91	是
		CopyTSR2	21.59	是
		TSRComplete2	40	是
		RouteReq	0.00	否
		StaInterior	0.00	否
		SetInterior	21.59	是
	CTCS3		61.16	是
		SAExtend	13.88	是
		SAReq	13.80	是
		TSRComplete3	40	是
		InfTrans	4.88	是
		CopySA3	7.32	是
	CTC		64.84	是
		RenewConfirmS	26.06	是
		CTCConfirm	16.96	是
		CTCSupervise	28.45	是
		CopyTrState	4.88	是
		CTCAdjust	14.65	是
	CBI		59.62	是
		CopyOrder	14.65	是
		CBIRoute2	0.00	否

续上表

一级变迁	二级变迁	三级变迁	脆度(%)	系统是否崩溃
		CBIRoute3	7.32	是
		RenewSARS	13.80	是
		CBInfTrans	35.77	是
	TSR		51.03	是
		TSRCompleted	20	是
		NewTSR	16.96	是
		TSRConfirm	26.06	是
MAE			80.19	是
	TSwitchC		19.82	是
	NextSet		19.82	是
	SwitchR		19.82	是
	CLDown		19.82	是
	MAExtend		9.25	是

根据表4-3中的计算结果,除了在当前初始标识下未触发的变迁,系统内任一变迁为脆性源变迁时,均可导致系统崩溃,即不存在一条从初始状态节点到目标节点集DNL的有效路径,系统更新一次列车基本信息的单次列车运行控制过程不可实现。造成这种现象的主要原因在于:高速铁路列车运行控制过程结构模型是以理想状态下各系统、子单元间正常的信息交互过程为基础建立的,并不存在故障后的自我修复功能。以CTCS列控系统为例,正常情况下高速列车以CTCS-3级列控模式为主模式,CTCS-2级列控为备用模式运行。当主模式因故障不能正常使用时,可立即降级到CTCS-2级列控模式运行,即主模式故障并不会导致系统崩溃。但是,在高速铁路列车运行控制信息传递过程模型中,CTCS-3和CTCS-2两种列控模式下的列车行车许可延伸请求处理同时进行,当前列控模式决定最终采用哪种模式下的处理结果。该处理方式最大可能地模拟了系统为随时可能发生的列控等级转换提供相应的处理结果这一功能,但对某模式故障后,系统自我修复并切换到另一模式的过程,在理想状态下并未考虑。不过,也正是没有考虑这些人为的安全保障措施,才能保证系统模型的结构脆性是完完全全基于系统内子系统、子单元间的信息交互关系进行的。人为的安全保障策略在结构脆性讨论中会无意夸大系统抗脆性能力,而不能专注于系统信息交互关系对结构脆性的本质影响。

对比不同等级变迁的结构脆性指标计算结果,可以得到以下结论。

①脆性源变迁等级越高,脆度越大。即功能集成性越强的子系统、子单元崩溃后,对系统功能实现过程的损坏程度越大。表现在状态空间内,即初始状态节点可达的节点集内节点总数越少,状态空间受脆性源节点的影响多分裂为不相连的几个有向图。造成这种现象的主要原因是:脆性源等级越高,其下属的脆性源变迁越多,该脆性源变迁所代表的系统子功能实现事件涉及的子事件越多,对系统总功能实现影响越大。

②高等级脆性源变迁所下属的脆性源变迁的脆度和均大于高等级脆性源变迁脆度,即下属于同一高等级变迁的脆性源变迁单独作为脆性源变迁时的脆度之和,要大于高等级脆性源变迁的脆度。以二级变迁CTCS2为例,其作为脆性源变迁时脆度为65.91%,其下属的

三级脆性源变迁的脆度之和为21.59% +40% +21.59% =83.18% >65.91%。这种现象说明同属于同一高等级变迁的低等级变迁由于脆性传播导致的崩溃节点集合间存在交集。即CTCS-2级列控模式下的行车许可延伸请求处理中的几个子功能在系统整体功能实现过程中存在交叉影响。

基于以上分析,不同脆性源变迁基于脆性传播所得到的脆性崩溃节点集和存在交集,该交集的大小可以侧面反映变迁间在系统功能实现过程中的相关性。假设变迁A和变迁B分别作为脆性源变迁时的崩溃节点个数为N_{A}、N_{B},重合节点个数为N^{*},则这两个变迁在系统功能实现过程中的相关性$\varepsilon_{\mathrm{AB}}$为:

$$\varepsilon_{\mathrm{AB}} = \frac{2N^{*}}{N_{\mathrm{A}} + N_{\mathrm{B}}} \times 100\% \tag{4-3}$$

将变迁间的结构脆性相关性分析进一步扩充,状态空间脆性分析系统的脆性指标计算子界面如图4-12所示。

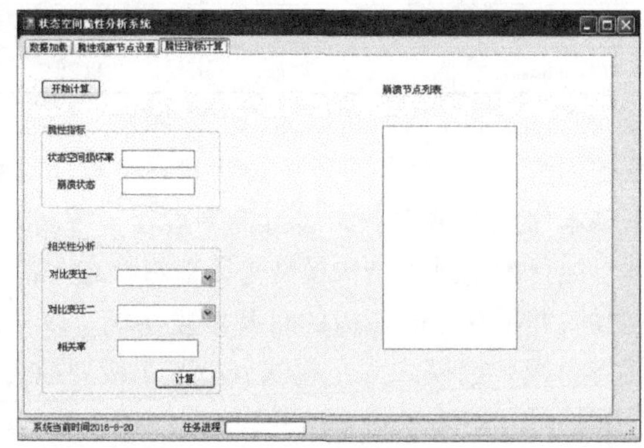

图4-12 扩充后的脆性指标计算界面

依次计算同等级下,隶属于同一高等级变迁的任意两变迁间的结构脆性相关性指标。其脆性相关性的平均值如图4-13所示。除一级变迁MAE以外,变迁的结构脆性平均相关性基本符合变迁等级越高,结构脆性相关性越强这一规律。一级变迁MAE结构脆性相关性为0,但是其作为脆性源变迁时的脆度高达80.19%,造成这一现象的原因是MAE子模型主要基于行车许可延伸请求的结果更新列车基本信息,并涉及列控等级和列车所属RBC编码的转换。行车许可延伸、列控等级转换和RBC编码转换三个过程在系统总体功能实现过程中必不可少,但是三者所关注的重点各有不同,因此脆度较大但不存在脆性结构相关性。

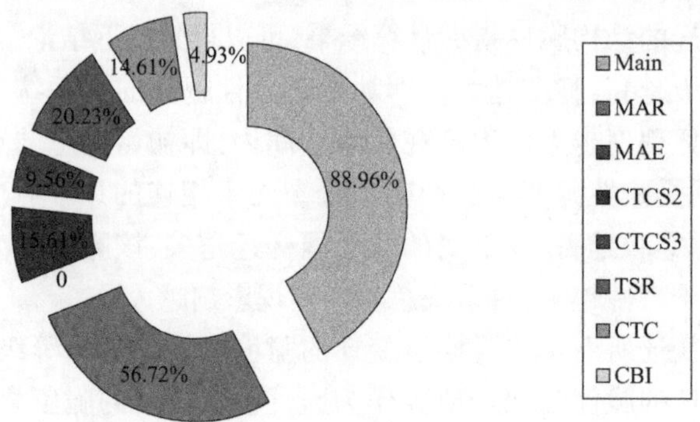

图4-13 模型内变迁结构脆性平均相关性示意图

变迁间的结构脆性相关性计算结果可用于辅助制定日常安全管理策略。以二级变迁 MAR 和三级变迁 CTCS3 为例,子变迁间的相关性计算结果见表 4-4。

状态空间损坏度及相关性计算结果 表 4-4

父变迁	子变迁的状态空间损坏度及变迁间的脆性相关度					
MAR	—	CTCS2	CTCS3	TSR	CTC	CBI
	CTCS2	—	67.18%	48.69%	62.32%	62.57%
	CTCS3	67.18%	—	48.90%	59.18%	55.04%
	TSR	48.69%	48.90%	—	52.30%	55.19%
	CTC	62.32%	59.18%	52.30%	—	55.87%
	CBI	62.57%	55.04%	55.19%	55.87%	—
CTCS3	—	SAExtend	SAReq	TSRComplete3	InfTrans	CopySA3
	SAExtend	—	33.42%	20.61%	0	0
	SAReq	33.42%	—	20.52%	0	0
	TSRComplete3	20.61%	20.52%	—	8.70%	12.38%
	InfTrans	0	0	20.52%	—	0
	CopySA3	0	0	12.38%	0	—

根据表 4-4 中的计算结果进一步统计分析发现,父变迁 MAR 下的子变迁间的相关性平均值为 56. 72% ,方差为 0. 3321% ;而父变迁 CTCS3 下的子变迁间的相关性平均值为 9.56% ,方差为 1.2772% 。依此可认为父变迁 MAR 下的子变迁间的相关性较强,在系统功能实现过程中存在更密切的信息交互关系。在日常的安全管理中需要注意单个变迁安全水平变化对其他子变迁的影响。相应地,在 CTCS3 变迁下的子变迁间的相关性较弱,甚至出现了子变迁间相关性为 0 的情况。该情况下,其对应的状态空间节点及崩溃节点集不存在任何交叉,在系统功能实现过程中不存在任何信息交互关系。因此,在日常的安全管理中可以不考虑对其他变迁的影响而单独制定安全管理策略。

第 5 章　高速铁路列车运行控制过程模糊脆性

5.1　列车运行控制过程模糊脆性模型

5.1.1　模型转换需求性分析

根据动态模糊脆性的概念,高速铁路列车运行控制过程模糊脆性模型在变形后需要在库所中携带模糊可信度信息,并基于库所与变迁间的关联关系计算输出库所的模糊可信度。因此,相比于第 3 章的基础模型,用于动态模糊脆性推理的高速铁路列车运行控制过程模糊脆性模型需要进行以下变形。

(1)为库所添加模糊可信度信息

在基础模型中,颜色集 TrLocation 定义了系统功能实现过程中所关心的列车位置信息、列控等级信息、所属 RBC 编码信息和临时限速信息。在变形后的模糊模型中需要在库所中添加相应的模糊可信度信息,可以通过改变颜色集 TrLocation 的定义,添加模糊可信度信息实现。这种方法存在的主要问题是,基础模型中 TrLocation 的定义已经包含了 TRAIN、SET、BlockNum、CTCSLevel、RBCNum、TSRContent 六个基元,并且采用了 product 积颜色集,在模型弧注入式中已经较为烦琐。若再加入模糊可信度信息,将加重弧注入式表达的繁杂问题,不利于模型的可读性。因此,学者采用单独添加模糊库所的形式,在基础模型的基础上,为除控制库所以外的所有库所添加一个相应的模糊库所,用于存储该库所的模糊可信度。以 main 函数为例,模型为基础模型中的库所 new_location、库所 NewMA 添加对应模糊库所 FTrE、模糊库所 FNewMA,如图 5-1 所示。

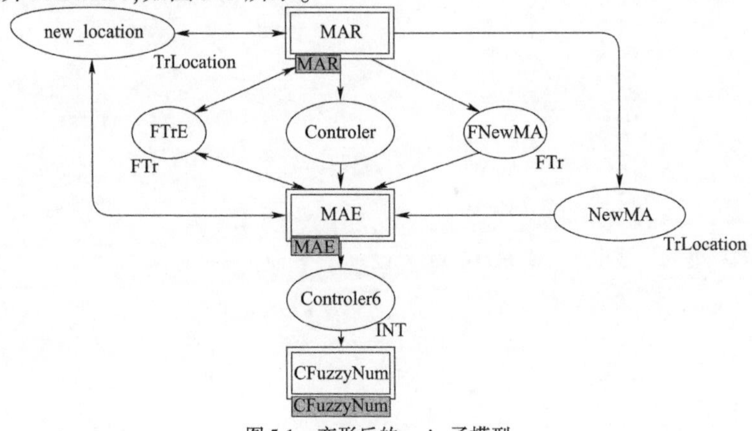

图 5-1　变形后的 main 子模型

需要特别说明的是，添加的模糊库所与基础模型中的原库所一一对应，模糊库所与变迁间的关联关系与对应库所与变迁间的关联关系保持一致。即新添加的模糊库所并不涉及系统模型内信息交互关系结构的改变，只是对基础模型中原库所信息的补充说明。

(2)添加模型初始赋值

系统动态模糊脆性的推理计算是基于模糊 Petri 网进行的，在正式进行模糊可信度规则推理之前，需要对高速铁路列车运行控制过程模型中的初始库所信息模糊可信度 y_j、变迁命题推理可信度 u_i、变迁阈值 λ 和系统崩溃阈值 μ 赋值。

①初始库所是指没有前集变迁的库所，代表了系统当前的运行状态。初始库所信息的模糊可信度是对当前初始状态信息相对实际情况的隶属度函数，表征系统当前收集到的用于控制列车运行的信息反映现场真实状态的能力。因此，初始值可设为 1.0。

②变迁命题推理可信度 u_i，是对高速铁路列车运行控制信息传递过程中某子功能实现事件发生时，对输入信息转换正确转换为输出信息的能力度量。可看作是高速铁路列车运行控制过程中各子系统安全状态的度量。该部分内容将在下文中详述。

③变迁阈值 λ 的设置，是为了保证系统内变迁的触发都在命题规则可信、可用的前提下进行。λ 的设置更多地用于动态模糊脆性的预警，此处可暂且忽略。

④系统崩溃阈值 μ 的设置可作为仿真中止的必要条件，当模型仿真用于观察动态模糊可信度的衰减状态时，可将该阈值设置得低一些，但当用于动态模糊脆性预警时，需要设置在较高的范围，以此保证系统功能的高质量实现。

转换完成后的系统动态模糊脆性模型可参见本书附录五。

5.1.2 模糊颜色集设置及推理

在添加模糊库所后，需要给出符合模糊库所作用的颜色集声明。如表 5-1 所示，对应列车基本信息将模糊库所的颜色集定义为位置信息模糊可信度 FL、列控等级模糊可信度 FC、所属 RBC 编号模糊可信度 FR 和临时限速模糊可信度 FT 四个部分。模糊可信度信息均定义为 Real 类型，方便参与乘运算。此外，对应于 TSR 子模型中的 TSRC 颜色集列车位置信息和临时限速信息组合起来形成新的颜色集，模糊颜色集 FLT 定义了列车位置和临时限速组成的组合模糊可信度。

colset TSRC = product SET * BlockNum * BlockScope * TSRValue (5-1)

模糊颜色集、变量声明及其含义 表 5-1

颜 色 集	变 量	含 义
colset FL = real;	varfl, fl1 : FL;	位置信息模糊可信度
colset FC = real;	varfc, fc1 : FC;	列控等级模糊可信度
colset FR = real;	varfr, fr1 : FR;	RBC 编码模糊可信度
closet FT = real;	varft, ft1 : FT;	临时限速模糊可信度
colset FTr = product FL * FC * FR * FT;	varf, f1, f2, f3, f4, f5, f12, f13 : REAL;	基本信息的模糊可信度
colset FLT = product FL * FT;		位置、限速复合模糊可信度

高速铁路列车运行控制过程模糊脆性模型中的命题规则多属于图 5-2 中的多输入单输出的并模糊规则。该模式下输出库所的模糊可信度为输入库所模糊可信度与变迁规则推理可信度的乘积。当然,在模糊规则推理的过程中,还需要根据具体情况做细微的变动,具体示例如下所述。

(1)多个输入库所且多为辅助信息时

以 TSR 子模型中处理列车当前位置已完成的限速信息的变迁 TSRCompleted 为例。如图 5-2 所示,为了增加图例的可读性,将变迁 TSRCompleted 相关的输入、输出模糊库所及弧注入式提取出来,而刻意忽略了基础模型中的原库所。在该示例中,变迁 TSRCompleted 涉及四个输入模糊可信度,分别为变迁 TSRCompleted 的模糊命题规则可信度 f、CTCS2 子模型输入的当前临时限速执行信息的模糊可信度 f12、CTCS3 子模型输入的当前临时限速执行信息的模糊可信度 f13 和 TSR 子模型中的基础输入信息模糊可信度(fl, ft)。若严格按照模糊推理规则,输出库所 FTSRfinished 中的模糊可信度应为 f * f12 * f13 * (fl + ft)/2.0。考虑到 f12、f13、(fl, ft) 均在变迁的触发中对输出库所的标识并不存在本质性的影响,且模糊库所 FTSRfinished 对应的原库所 TSRfinished 的标识仅作为模型仿真过程中的信息收集作用并不参与其他变迁的触发。因此,为了在不影响主要观察库所节点的模糊可信度推理的情况下,尽量降低模型模糊可信度的衰减速度,以此来提高模型仿真的数据收集能力,选择三个辅助信息的模糊可信度的最低值与变迁的命题规则模糊可信度 f 的乘积最为输出库所的模糊可信度。

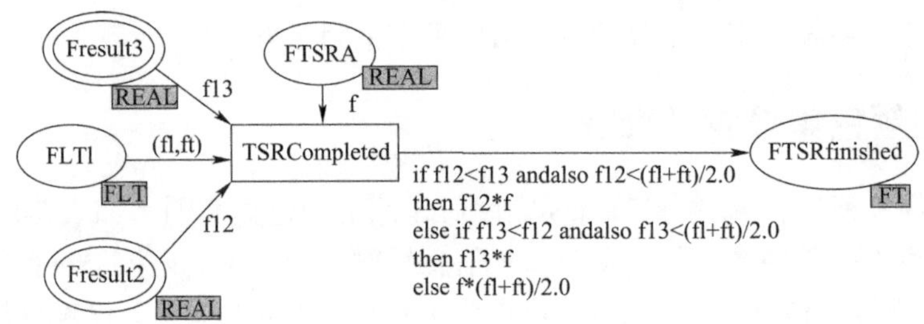

图 5-2　变迁 TSRCompleted 模糊可信度推理示意图

(2)涉及无关基元时

以 CTCS2 子模型中的 RouteReq 变迁为例。该变迁主要实现 CTCS-2 列控模式下,列车位于区间最后一个闭塞分区时,基于车站进路请求结果做出的行车许可延伸请求处理过程。简化后的模糊规则推理过程如图 5-3 所示,输出库所 FNewMA2 颜色集类型为 FTr,因此模糊推理过程以输入库所 FTr1B 中的模糊可信度为基础,将输入库所的模糊可信度与变迁的命题规则模糊可信度相乘得到输出库所的模糊可信度。其中,因为模型只有在 MAE 子模型中涉及列控等级、所属 RBC 编码的转换,即在其他子模型中,对应的列控等级模糊可信度 fc、所属 RBC 编号的模糊可信度 fr 均只作为列车基本信息的附属信息,并不存在对相关信息的处理过程。因此,在输出库所的模糊可信度推理中保持不变。

(3)输入库所颜色集与输出库所颜色集不相同时

如图 5-4 所示,以 CTC 子模型中的变迁 CTCSupervise 为例,输出库所 FLiveInfo 的颜色集类型为 REAL,即为一个 real 类型的数值。而在输入库所中,除了与输出库所颜色集类型匹配的 REAL 类型之外,还涉及一个颜色集类型为 FTr 的输入库所 FEstate。因此,在输出库所模糊可信度推理中还存在对潜在的模糊可信度类型转换。在该示例中,将 FTr 颜色集的标识以平均值的形式转换为 real 数据并参与模糊可信度推理运算。

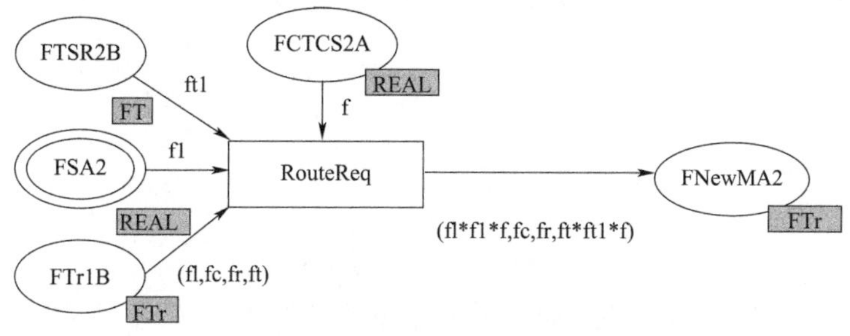

图 5-3 变迁 RouteReq 模糊可信度推理示意图

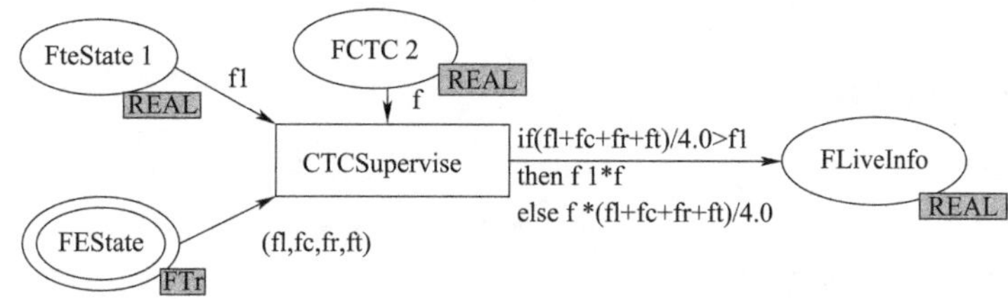

图 5-4 变迁 CTCSSuperise 模糊可信度推理示意图

5.1.3 变迁命题规则模糊可信度的确定

模糊 Petri 网中命题规则模糊可信度的确定是进行模型规则知识推理的重要基础。初始命题可信度的质量直接影响后续的模糊知识推理结果,质量越高,命题规则下的推理结果越可靠。学者尝试采用隶属函数来度量变迁的命题规则模糊可信度。隶属函数是模糊集合论中的一个重要基础概念,其值的确定是客体的主观感受,带有一定的主观性,同时又要求满足一定的客观规律。目前,隶属函数的确定可以通过专家打分法、模糊统计法等实现。

以模糊统计法为例。隶属函数的确定过程包括四个元素:论域 U、U 中一个固定的元素 u_0、模糊概念 A 和随模糊概念 A 的边界随机运动的普通集合 A^*。实验时,要求 N 名实验者自己独立根据对模糊概念 A 的理解和看法,提出一个 A 的近似表示的普通集合 A^*,A^* 实际上是对模糊集合 A 的一种清晰化处理,由于 A^* 是普通集合,u_0 是否属于 A^* 可以用 1 或者 0 明确回答,如在 N 次实验中,元素 u_0 属于 A^* 的次数为 $\sum$,则元素 u_0 对 A 的隶属频率 $y(u_o|A)$ 为:

$$y(u_o|A)=\frac{\sum}{n} \tag{5-2}$$

随着 n 增大,隶属频率会逐渐稳定于某一个值,即为 u_0 对 A 的隶属度。相对于某一个固定元素 u_0 对某模糊概念 A 在论域 U 中的隶属度,该模糊概念的模糊隶属分布在实际应用中更加便捷。以实数 R 为论域,通常把实数集 R 上模糊集的隶属函数称为模糊分布。比较常见的模糊分布主要有矩形分布或半矩形分布、梯形分布或半梯形分布、高斯分布或半高斯分布等。在实际应用中,可以首先根据所讨论客观模糊现象的性质,通过对比相类似的模糊分布形式,基于先验知识或数据实验确定分布中的参数,从而得到具体的隶属函数。以高斯分布或半高斯分布为例,概述如下。

高斯型与半高斯型模糊分布如图 5-5 所示。

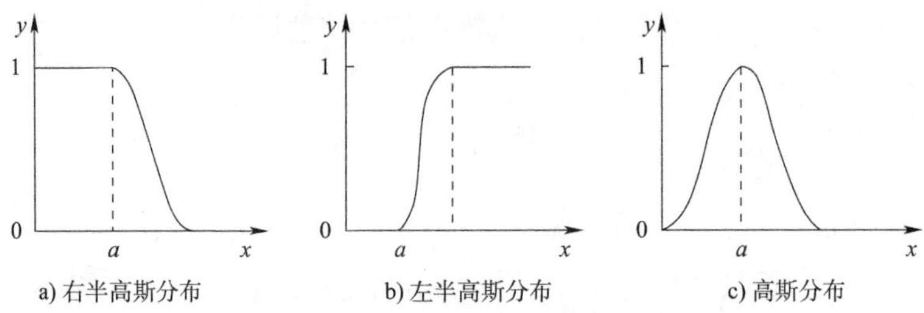

图 5-5　高斯型与半高斯型模糊分布图

高斯型或半高斯型分布与梯形或半梯形分布外形相似，区别主要体现在两个方面：一是曲线部分的处理；二是临界点取值高斯型只需要确定一个临界值 a。模糊分布函数如下：

偏小型半高斯分布函数

$$A(x)=\begin{cases}1, & x\leqslant a\\ e^{-\left(\frac{x-a}{\sigma}\right)^2}, & x>a\end{cases} \tag{5-3}$$

偏大型半高斯模糊分布函数

$$A(x)=\begin{cases}0, & x\leqslant a\\ 1-e^{-\left(\frac{x-a}{\sigma}\right)^2}, & x>a\end{cases} \tag{5-4}$$

中间型高斯模糊分布函数

$$A(x)=e^{-\left(\frac{x-a}{\sigma}\right)^2}, \quad +\infty<x<-\infty \tag{5-5}$$

隶属度函数及模糊分布等概念为高速铁路列车运行控制过程模糊脆性模型中的变迁模糊命题规则可信度量化及后续的模糊可信度推理奠定了理论基础。如图 5-6 所示，高速铁路列车运行控制过程模型涉及的五大子系统与模型中的五大子模型相互匹配。而在子模型内部，变迁作为子模型的动作事件实现子模型的子功能，具体可参见本书 3.3 节中对子模型内变迁的释义。因此，学者将子系统的安全状态度量结果等同于该子系统内部的所有动作变迁的模糊可信度。在下面的章节中将对各子系统的模糊可信度度量方法进行进一步分析。

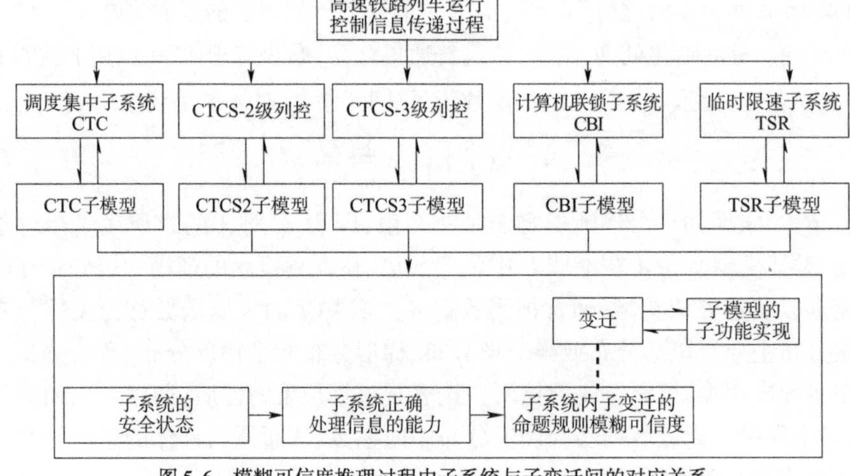

图 5-6　模糊可信度推理过程中子系统与子变迁间的对应关系

5.2 CTC 子系统模糊可信度度量

5.2.1 模糊可信度模糊分布

高速铁路列车运行控制过程模糊脆性模型中，CTC 调度集中系统模块主要以行车调度员（简称“行调”）为对象，将 CTC 调度集中系统对列车运行控制的过程抽象为下达列车运行计划、调整运行计划、监控列车运行过程三个部分。在对 CTC 调度命令的可信度度量时，以行调台当前需要解决的冲突数量为论域，讨论 CTC 调度命令可靠这一模糊概念的隶属函数。考虑到行调自身体力、脑力、精力限制，当接收信息、需要处理的信息达到一定程度时，行调所作出的调度命令质量随着当前任务数的增加而下降。反之，当当前任务数处于一个可控水平内时，行调决策水平稳定在最佳水平。根据 CTC 调度命令可信度的变化规律，可以认为其模糊分布满足半高斯型分布，如图 5-5a）所示。因此，CTC 调度命令可信度的模糊分布确定过程主要解决以下两个问题。

（1）半高斯分布中参数确定

半高斯分布中的参数包括均值 a 和标准差 σ，两者均可以通过概率统计得到。以 N 名相关专家或行调员为调查对象，调查行调员可稳定处理的最大冲突数 CN，基于 N 个 CN 数值计算均值 a 和标准差 σ。

$$a=\frac{\sum_{i=1}^{N}\mathrm{CN}_i}{N} \tag{5-6}$$

$$\sigma=\sqrt{\frac{1}{N}\sum_{i=1}^{N}(\mathrm{CN}_i-a)^2} \tag{5-7}$$

（2）行调台当前冲突数

列车运行过程中，由于受到系统内外干扰列车极易偏离计划运行线，并通过晚点传播进一步扩大干扰影响，甚至出现资源占用冲突的现象。此时，列车调度员需要根据列车运行情况作出运行调整，消解冲突，降低干扰对列车运行计划带来的影响。在既有 CTC 调度集中系统中，行调调整当前列车运行计划时，以后续列车运行计划无干扰为前提条件，后续列车运行计划随当前运行调整方案整体横向移动。当前列车运行调整方案的优劣以当前冲突解决情况为评价标准，缺乏前瞻性。此外，在既有研究中多通过引入随机干扰模拟后续列车运行情况，尽管随机干扰相比于无干扰的情况更接近于实际状况，随机数的设计却缺乏支撑依据。因此，学者对行调台当前冲突数的实时获取提出了基于模糊时间知识推理的冲突预测算法。该算法主要包括列车运行图的模糊化处理、模糊时间知识推理算法和当前冲突数综合评价三个部分的内容。

考虑到列车运行图运用的周期性，学者将列车运行图运用过程中的实际运行数据通过统计分析，将列车运行图中的时间间隔从时间区间转换成四角模糊数。在计划列车运行图中，列车在车站的作业类型包括到达、出发和通过三种，相邻作业之间的时间间隔为一个确定的值。考虑到计划列车运行图中提前铺画的冗余时间，相邻作业时间间隔可以表示为一

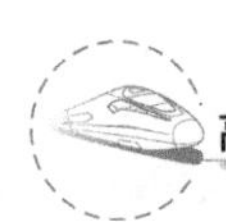

个确定的时间区间(b,c)并且满足冗余时间 $r=c-b$。在实验周期内,对实绩运行图内每一个时间间隔以计划时间间隔 c_i 为标准记录实际时间间隔 t'_i的浮动值 Δt,则对实验周期内的 N 次统计值,分别计算其平均偏移量 μ 和标准差 σ。以置信水平 $\alpha=0.95$ 计算时间间隔偏离浮动区间$(\Delta t_1,\Delta t_2)$为

$$\Delta t_i = t'_i - c_i \tag{5-8}$$

$$\mu = \frac{\sum_{i=1}^{N}\Delta t_i}{N} \tag{5-9}$$

$$\sigma = \sqrt{\frac{1}{N}\sum_{i=1}^{N}(\Delta t_i - \mu)^2} \tag{5-10}$$

$$(\Delta t_1,\Delta t_2) = \left(\mu - z_{\alpha/2}\times\frac{\sigma}{\sqrt{N}},\mu - z_{\alpha/2}\times\frac{\sigma}{\sqrt{N}}\right) \tag{5-11}$$

则计划列车运行图内时间间隔 c_i 模糊化处理后得到的四角模糊数为

$$\left(b+\mu - z_{\alpha/2}\times\frac{\sigma}{\sqrt{N}},b,c,c+\mu - z_{\alpha/2}\times\frac{\sigma}{\sqrt{N}}\right) \tag{5-12}$$

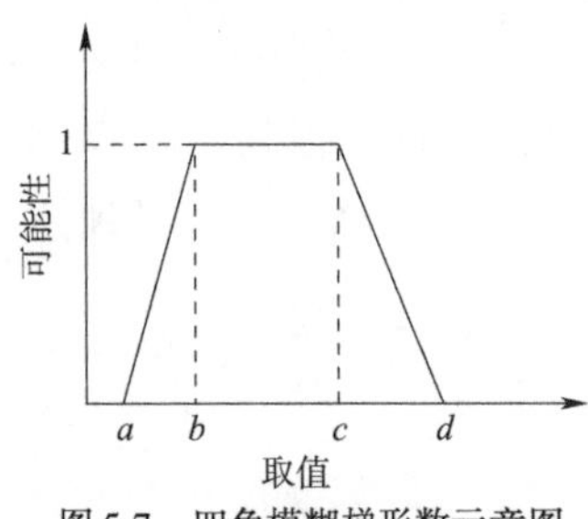

图 5-7　四角模糊梯形数示意图

针对计划列车运行图内所有的时间间隔按照如上步骤完成模糊化处理,静态确定的计划列车运行图转换为模糊计划列车运行图。运行图内的时间间隔不再是确定的时间区间,而是基于历史运营数据的四角模糊数 $t_i=h(a,b,c,d)$,表达形式如图 5-7 所示。其中 h 为实际时间间隔处于(b,c)区间的最大可能性为 1,区间(b,c)两边可能性随偏离浮动增大而降低,与晚点时间的客观分布情况相符。

5.2.2　模糊时间知识推理算法

赋时 Petri 网是 Petri 网发展理论的重要分支之一,以时间赋予方式的不同可以分为赋时变迁 Petri 网、赋时库所 Petri 网和赋时有向弧 Petri 网。由于赋时变迁 Petri 网和赋时有向弧 Petri 网只有时间延迟满足之后托肯才会出现在变迁的后继库所中,存在瞬间托肯消失的情况,因此,为保证模型在任一时刻的状态标识的准确性,学者采用赋时库所 Petri 网作为高速铁路列车运行图的建模工具。模型中以变迁代表列车出发、到达、通过三种事件,计划列车运行图中规定的两相邻事件之间的时间间隔则用库所表示,即库所的前集变迁发生后,托肯瞬时到达库所,但只有库所中的时间间隔约束满足之后,库所后继变迁才能发生。

Murata 在其论文中提出模糊时间戳、模糊使能时间、模糊发生时间和模糊延迟时间四个模糊时间函数,并建立了模糊时间高级 Petri 网模型[11,12]。但是,模型中的时间要素是放至在系统变迁上的。因此,在利用 Murata 模糊时间函数思想对高速铁路列车运行图进行模糊时间知识推理时需要对其定义、算法等进行改进。改进后的模糊时间函数如下。

(1)模糊延迟时间 $d(\tau)$

模糊延迟时间 $d(\tau)$是库所内托肯从到达到满足时间间隔约束条件所经历的时间长度可能性分布,即赋时 Petri 网模型中的 TD 时间。令 $d(\tau)=h_1(a_1,b_1,c_1,d_1)$,其中,时间区段

(b_1, c_1)为高速铁路列车运行图图定的最大可能时间间隔，(a_1, b_1)、(c_1, d_1)为历史统计数据下的时间摆动幅度区间。其中，b_1 为库所内托肯达到可用状态，即列车完成基本作业所需的图定时间 I_{bw}，图定冗余时间 $r = c_1 - b_1$。

(2)模糊时间片 $\pi(\tau)$

模糊时间片是库所内托肯在时间 τ 时处于可用状态的可能性分布，即该库所达到了触发后集变迁的条件的可能性分布。同样令 $\pi(\tau) = h_2(a_2, b_2, c_2, d_2)$，则

$$\begin{aligned}\pi(\tau) &= o(\tau) \oplus d(\tau) = (a_4, b_4, c_4, d_4) \oplus (a_1, b_1, c_1, d_1) \\ &= (a_4 + a_1, b_4 + b_1, c_4 + c_1, d_4 + d_1)\end{aligned} \tag{5-13}$$

式中，$o(\tau) = (a_4, b_4, c_4, d_4)$为变迁的模糊发生时间；$\oplus$为加法算子。

(3)模糊使能时间 $e(\tau)$

模糊使能时间 $e(\tau)$是变迁 t 在时间 τ 时所有前集库所处于“有托肯”状态且可用的可能性分布。在高速铁路列车运行图系统中，变迁的前集库所可能不止一个。根据 Petri 网的点火条件，只有当所有前集库所中的托肯可用时，变迁才处于使能，即可以点火的状态。因此，模糊使能时间 $e(\tau)$为前集库所中的最晚模糊时间片 $\pi(\tau)$，即

$$e_t(\tau) = \text{latest}\{\pi_x(\tau) \mid x = 1, 2, \cdots m \wedge \forall x, p_x \times t \to 1\} \tag{5-14}$$

式中，$\pi_x(\tau)$为 m 个变迁 t 的前集库所的模糊时间片。

(4)模糊发生时间 $o(\tau)$

模糊发生时间 $o(\tau)$是指当多个变迁使能时，根据一定的决策策略该变迁在时间 τ 发生的可能性分布。决策策略根据实际情况可以选择“先到先服务”“后到先服务”等。在本书的高速铁路列车运行图系统中，采用“先到先服务”的服务策略，对较早使能的变迁赋予优先权。即

$$o_t(\tau) = \min\{e_t(\tau), \text{earliest}\{e_y(\tau) \mid y = 1, 2, \cdots n\}\} \tag{5-15}$$

式中，$e_y(\tau)$为 n 个使能变迁的模糊使能时间。

由于时间赋予对象的不同，学者对 Murata 提出的四个模糊时间区间进行了相应的改进，但其中涉及的 earliest、latest 和 min 运算由于与四角模糊数本身含义无关，算法没有做相应改进的必要。

5.2.3 冲突度量

高速铁路列车运行图追踪列车间隔时间，是指追踪运行的两列列车之间的最小间隔时间，包括车站追踪间隔时间和区间追踪间隔两种类型。本书中的冲突预测主要在车站进行，并约定车站最小追踪间隔时间为 5min，远期考虑为 3min。基于文献[92]中对列车运行冲突的定义，从时间要素约束的角度，高速铁路列车运行图内的冲突主要是由于列车偏离计划列车运行线，导致列车追踪间隔不满足最小追踪间隔时间的状态。根据列车偏离计划列车运行线的程度，高速铁路列车运行图冲突可划分为以下两种。

(1)潜在冲突 PC

潜在冲突 PC 是指列车在各种干扰的影响下偏离了计划列车运行线，但由于冗余时间的缓冲作用，仍满足最小追踪时间间隔约束，避免了当前冲突的发生。

以图 5-8a)为例，到达变迁 t_1 由于出发晚点及区间运行时间长于图定时间，实际列

车运行线(虚线)偏离计划列车运行线(实线)。变迁 t_1 在经过冗余时间消解后的模糊发生时间推理结果为 $o(t_1)=(A,B,C,D)$,变迁 t_2 的模糊使能时间推理结果为 $e(t_2)=(E,F,G,H)$。根据列车运行图最小追踪间隔约束,变迁 t_1 发生至少在 I_{min} 时间后变迁 t_2 才可以发生。因此只有当两变迁的模糊发生时间间隔 $I \geq I_{min}$ 时,运行图才暂时不会发生冲突。

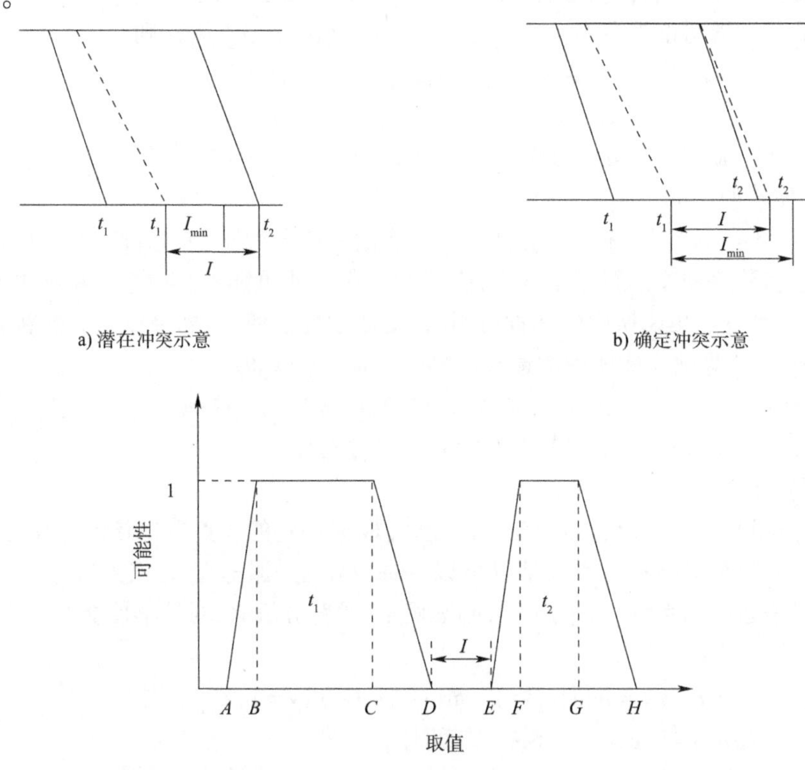

图 5-8 冲突判定示意图

(2)确定冲突 CC

确定冲突 CC 是指前行列车偏离计划列车运行线后,冗余时间消减完成后仍然不能满足最小追踪时间间隔约束时,列车间已经发生确定的冲突的状态。如图 5-8b)所示,当实际追踪间隔时间 $I<I_{min}$ 时确定存在在两变迁间发生冲突的可能性。

当前行列车受到运行干扰而产生晚点时,晚点影响范围随着晚点横向、纵向的传播不断扩大。本书并不涉及后续列车的运行调整,因此,运行干扰的影响将在一定的规则下施加到后续每一列列车上。针对列车运行干扰的影响程度评估将从单列列车的运行计划偏离幅度和列车间冲突发生可能性大小两方面进行度量。

①单列列车运行偏离。

对于单列列车,高速铁路运行图规定的时间间隔体现在模糊时间片 $\pi(\tau)$ 上。在每一列列车的运行过程中,由于受到列车运行干扰的影响,列车的实际运行线可能偏离计划列车运行线。该偏离程度是列车运行干扰造成的结果,同时是列车运行冲突产生的直接原因。设运行图内列车 i 的第 j 个图定时间区间 $\pi_i^j(\tau)=(A,B,C,D)$,运行图的实际运行情况即模糊时间知识推理的结果为 $\pi_i^{j\prime}(\tau)=(E,F,G,H)$。当 $\pi_i^{j\prime}(\tau)\neq\pi_i^j(\tau)$ 时，我们称列车 i 的第 j 个图定时间区间发生偏离，如图 5-9 所示。

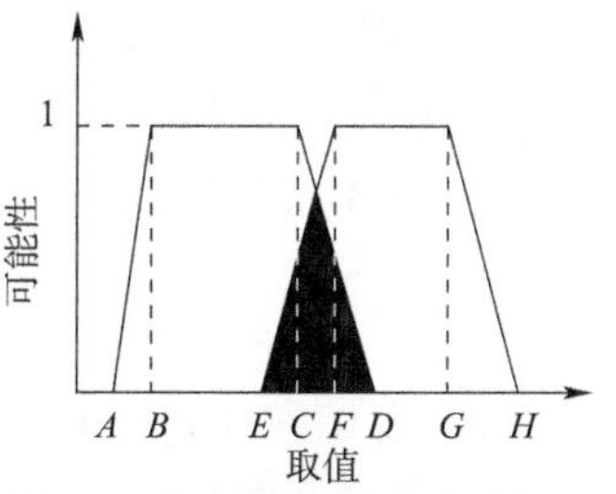

图 5-9 单列列车运行偏离示意图

该列车的第 $j(j=1,2,3,\cdots,\Delta)$ 个图定时间区间的运行偏离度 η_i^j 可按式(5-16)计算。

$$\eta_i^j=1-\frac{S(ABCD\cap EFGH)}{S(ABCD)}\times100\% \tag{5-16}$$

式中，$S(ABCD)$ 为梯形 $ABCD$ 的面积；$S(ABCD\cap EFGH)$ 为梯形 $ABCD$ 与梯形 $EFGH$ 的重合面积。该列车 i 在 Δ 个图定时间区间的总体平均偏离度 η_i 为

$$\eta_i=\frac{\sum_{j=1}^{\Delta}\eta_i^j}{\Delta}\times100\% \tag{5-17}$$

显然，列车总体平均偏离度越大，对其他相邻列车的运行干扰越大，产生运行冲突的可能性越大。

②列车间冲突可能性。

根据前文中对不同冲突类型的定义和判定条件，当高速铁路列车运行图内发生晚点传播时，需要首先确定冲突类型。若为潜在冲突，则在该时间区间内不会发生冲突；若为确定冲突，则基于变迁的模糊发生时间计算其冲突可能性。

以图 5-10a）为例，变迁 t_1、t_2 为高速铁路运行图内存在时间间隔约束的两变迁，其中，变迁 t_1 的模糊发生时间为 $o(t_1)=(A,B,C,D)$，变迁 t_2 的模糊使能时间 $e(t_2)=(E,F,G,H)$，且两变迁间的时间间隔 I 小于最小时间间隔 $I_{\min}$。此时，完全消解变迁间冲突所需的最小冗余时间总量 $R=I_{\min}-I$，而变迁 t_1、变迁 t_2 的可用冗余时间分别为 $r_{t_1}=C-B$、$r_{t_2}=G-F$。因此，对变迁 t_1、t_2 的模糊时间更新如下所述。

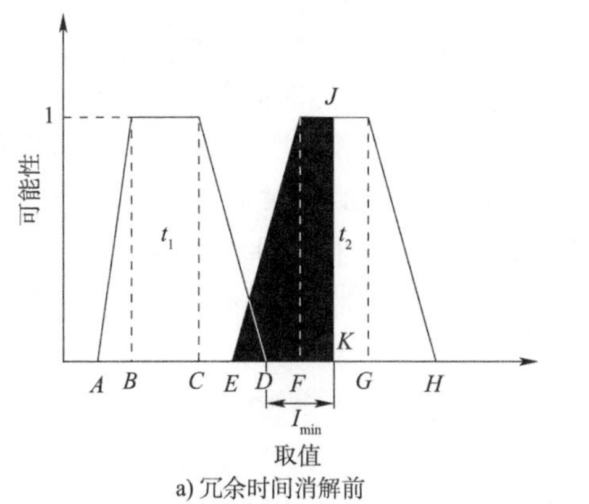

a) 冗余时间消解前

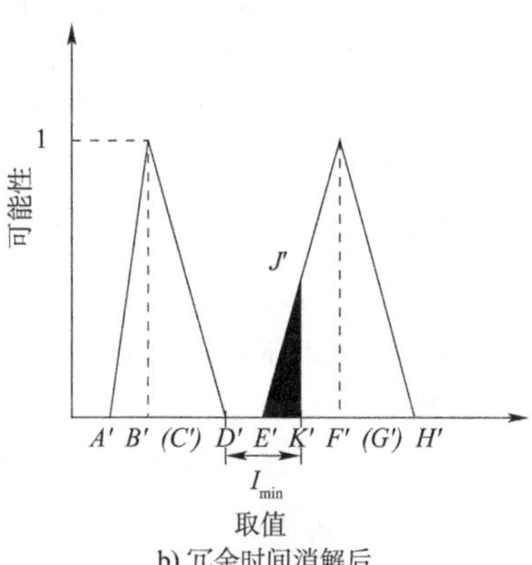

b) 冗余时间消解后

图 5-10 列车间冲突示意图

根据冗余时间利用的紧前原则，先令变迁 t_1 的冗余时间剩余量 $r_{t_1}'=\max\{r_{t_1}-R,0\}$。若 $r_{t_1}-R\geqslant0$，则变迁 t_1 的冗余时间已经实现冲突的完全消解，r_{t_2} 不变；否则，令变迁 t_2 的冗余时间剩余量 $r_{t_2}'=\max\{r_{t_1}+r_{t_2}-R,0\}$。在完成冗余时间的冲突消解后，变迁 t_1 更新后的模糊发生时间为 $o(t_1)=(A,B,B+r_{t_1}',B+r_{t_1}'+D-C)$，变迁 t_2 更新后的模糊使能时间为

$e(t_2)=(E+r_{t_2}-r',F+r_{t_2}-r'_{t_2},G,H)$。更新后的变迁间隔关系如图 5-10b)所示,从阴影部分面积变化可以看出冗余时间对冲突的消解作用。此时,两变迁之间的冲突可能性 δ_{12} 可按式(5-18)计算。

$$\delta_{12}=\frac{S(E'F'J'K')}{S(E'F'G'H')}\times 100\% \tag{5-18}$$

同样,两变迁间的冲突可能性越大,后行列车受到前行列车晚点传播的影响越大。

单列车偏离度与冲突可能性是从两个不同角度尝试度量当前运行状态下的冲突预测结果。考虑到 CTC 调度命令可信度是以当前运行状态下的冲突数为论域,学者从冲突可能性这个角度出发,综合评判当前冲突预测结果。模糊化处理后的列车运行图由于时间间隔左右延伸,相邻列车作业时间间隔可能不再满足最小时间间隔的要求,导致无干扰下的模糊列车运行图同样出现大量冲突。此时,模糊时间知识推理下的冲突预测结果是计划列车运行图铺画质量的侧面反映。为了区别当前列车运行环境对列车运行图的影响和运行图铺画质量本身对冲突预测结果的影响,需要从冲突预测结果中剔除无干扰下的模糊列车运行图冲突数量。设模糊时间知识推理完成后,无干扰下的模糊列车运行图与当前运行环境下的模糊运行图的预测冲突数分别为 N_C、N'_C,第 i 个冲突的发生可能性分别为 δ_i、δ'_i,则运行图当前综合冲突数 N' 为

$$N'=\sum_{i=1}^{N'_C}\delta'_i-\sum_{i=1}^{N_C}\delta_i \tag{5-19}$$

综合冲突数 N' 的取值可能是小于 0 的,也可能是大于 0 或者是等于 0 的。原因在于当前列车运行环境下的干扰情况有可能成为后续列车运行冲突消解创造条件。

5.2.4 冲突预测仿真实现

高速铁路列车运行图的车站冲突预测可基于结构化查询语言(SQL)数据库和 C#仿真平台实现。其中 SQL 数据库主要用于存储计划列车运行图数据、历史实绩运行图数据,模糊化处理计划列车运行图并得到事件触发时间间隔约束的模糊延迟时间数据。C#则基于由 SQL 数据库导入的基础数据,将运行图数据中的事件发生顺序关系、相邻事件间时间间隔约束的模糊延迟分布情况转换为赋时库所 Petri 网中变迁和库所之间的关联关系,通过模糊时间知识推理算法自上而下,自左向右依次两两计算事件的模糊发生时间,并根据冲突类型的判定规则,通过对模糊时间间隔与计划模糊时间间隔的对比得到冲并记录冲突预测结果,直至完成所有事件的推理。

以京沪线上北京南至上海西段为例,铺画一个包含 6 个车站 30 条下行列车的运行图示例,如图 5-11 所示。其中该运行图相关的初始数据如图 5-11 和表 5-2 所示。其中表 5-2 为运行图赋时 Petri 网模型中变迁相关的初始数据,变迁类型中,“F”“J”“T”分别代表列车在车站的作业类型为发车、接车、通过。计划时间为计划列车运行图在模糊化处理之前列车在车站的作业时刻。表 5-3 为运行图赋时 Petri 网中库所相关的初始数据,其中,库所类型中 1 和 0 分别代表该库所为单列车内的时间间隔约束库所和列车间的时间间隔约束库所,库所前集和后集分别表示指向该库所的变迁编号和该库所指向的变迁编号。考虑到文章篇幅,表 5-2 和表 5-3 只给出了部分数据,用于表征仿真案例中的数据形式。

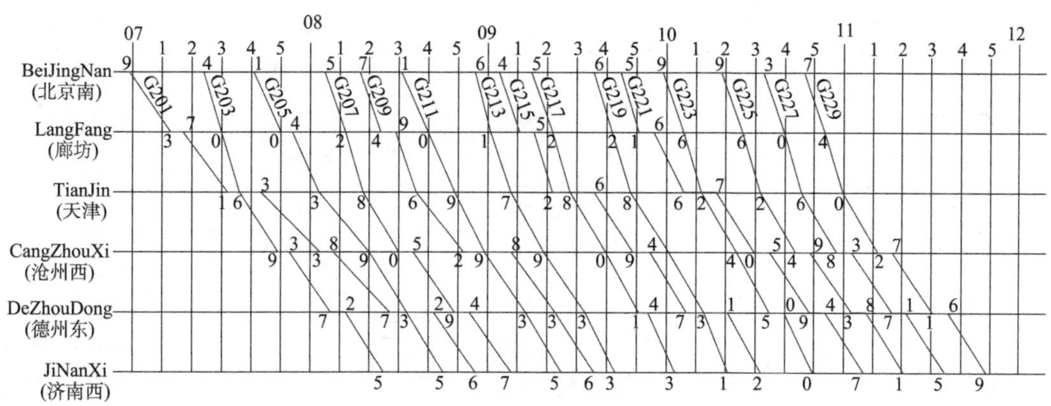

图 5-11 运行图示例

变迁(事件)相关初始数据 表 5-2

变　迁	列　车	车　站	变迁类型	计划时间*
DT0001	G201	北京南	F	420
DT0002	G201	廊坊	J	433
DT0003	G201	廊坊	F	438
DT0004	G201	天津	J	451
DT0005	G201	天津	F	463
DT0006	G201	沧州西	J	484
DT0007	G201	沧州西	F	488
DT0008	G201	德州东	J	507
DT0009	G201	德州东	F	522
DT0010	G201	济南西	J	536
DT0011	G203	北京南	F	444
DT0012	G203	廊坊	T	450

注: * 指为了计算方便,表中将列车到发时间转换成了绝对值。如 420 表示的是 07:00。

库所(时间间隔约束)相关初始数据 表 5-3

库　所	库所类型	库所前集	库所后集	模糊延迟时间(min)
DP0001	1	DT0001	DT0002	(10,11,13,14)
DP0002	0	DT0002	DT0003	(2,3,5,6)
DP0003	1	DT0003	DT0004	(10,11,13,14)
DP0004	0	DT0004	DT0005	(9,10,12,13)
DP0005	1	DT0005	DT0006	(18,19,21,22)
DP0006	0	DT0006	DT0007	(1,2,4,5)
DP0007	1	DT0007	DT0008	(16,17,19,20)
DP0008	0	DT0008	DT0009	(12,13,15,16)

续上表

库　所	库所类型	库所前集	库所后集	模糊延迟时间(min)
DP0009	1	DT0009	DT0010	(11,12,14,15)
DP0010	1	DT0011	DT0012	(3,4,6,7)
DP0011	1	DT0012	DT0013	(3,4,6,7)
DP0012	1	DT0013	DT0014	(10,11,13,14)
DP0013	0	DT0014	DT0015	(1,2,4,5)

情景一：以无干扰情况下的模糊列车运行图为对象从左至右、从上向下完成模糊时间知识推理，得到运行图冲突预测结果如图 5-12 所示。从图中可以看出，模糊化处理后的列车运行图由于时间间隔的左右偏离，随着时间的退后逐渐累积，出现冲突的次数和可能性都大大提升。

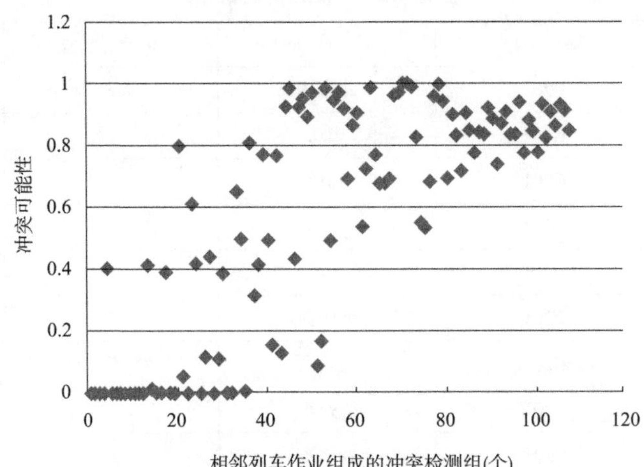

图 5-12　无干扰下模糊列车运行图冲突预测结果

情景二：假定列车 G201 在北京南站出发晚点 10min，该列车运行环境下的模糊时间知识推理预测结果与情景一下的冲突预测结果对比如图 5-13 所示。

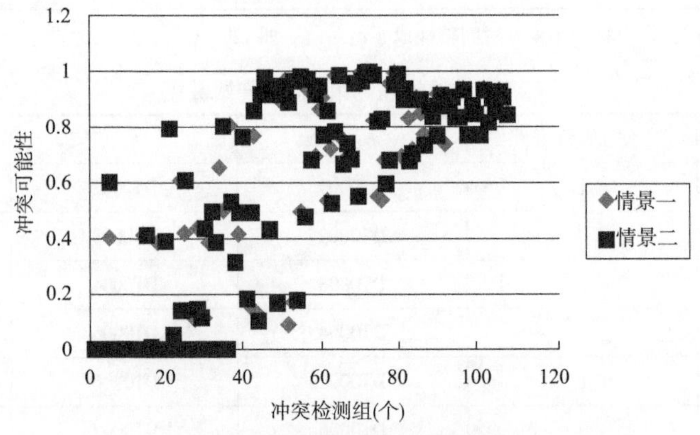

图 5-13　两种情景下冲突预测结果对比

从对比图中可以看出，情景二下冲突预测结果在整体趋势上与情景一相同，都是在时间间隔偏移后逐渐累积的结果。两者之间的差异则可看作当前运行环境对冲突预测结果的影响。根据5.2.3中综合冲突数的计算公式，计算该仿真案例在该运行环境下的综合冲突数为3.47。设CTC调度命令可信度模糊分布如下

$$A(x)=\begin{cases}1, & x\leqslant 2\\ e^{-\left(\frac{x-2}{\sigma}\right)^2}, & x>2\end{cases} \tag{5-20}$$

则当前运行环境下CTC调度命令可信度为0.439。

5.3　其他固定设备信息模糊可信度

除去CTC调度子系统和行车许可的执行涉及人员操作外，高速铁路列车运行控制过程是一个信号设备主动采集信息、传输/交换信息、处理信息、执行信息的过程。在无外界干扰的理想状态下，甚至可以去除人在高速铁路列车运行控制的角色，实现全自动控制。因此，信号设备状态对高速铁路列车行车许可的生成质量至关重要，直接影响高速铁路列车运行控制安全。铁路信号集中监测系统（Centralized Signaling Monitoring system，CSM），原称铁路信号微机监测系统，是监测信号设备状态、发现信号设备隐患、加强信号设备结合部管理、分析信号设备故障原因、辅助故障处理、指导现场维修、反映设备运用质量、提高电务部门维护水平和维护效率的重要信号设备，是信号设备维护的综合监测平台[93]。即在高速铁路列车运行控制过程中，信号设备处理信息的能力以及产生信息的可信度可以通过铁路信号集中监测系统监测得到的信号设备状态决定。铁路信号集中监测系统可是实现信号设备状态的实时报警，用户可以实时查看、分析和处理相关报警信息。图5-14为铁路信号集中监测系统终端实时报警窗口，其中上半部分为一、二级报警及故障诊断，中间部分为三级报警及预警，下半部分为语音报警的内容。

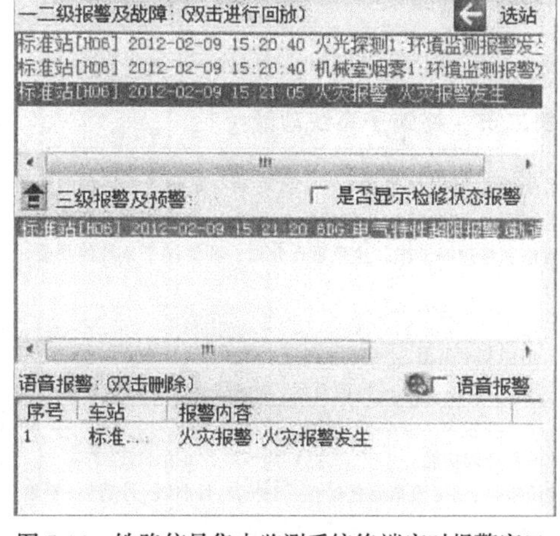

图5-14　铁路信号集中监测系统终端实时报警窗口

针对每一条报警信息，可以分别查看该报警包含的详细故障信息，包括故障概要、故障列表和故障处理情况三部分内容。其中，故障概要简要说明故障设备类型、设备名称、故障描述及故障发生次数等。故障列表显示所查询的时间段内的同设备、同类型故障。故障处理情况包含故障处理状态、处理人、导致故障发生的可能原因等相关信息。根据实时报警的级别，分别将一二级报警及故障、三级报警及预警和语音报警信息的权重分别设置为0.1和0.6。

考虑到铁路信号集中监测系统检测信息的广度和本书中建模的边界性，CSM系统实时监测到的报警信息并不全部都与该目标系统相关。此外，CSM系统实时监测所需的状态数据除了由自身的采集及提供外，还需要通过与其他系统的接口实现各系统间的信息共享。其中，本书模型中涉及的CTC、列控中心、计算机联锁系统等均与CSM系统间存在接口连接。因此，除第5.2节中讨论过的CTC调度命令可信度之外，计算机联锁系统、列控中心等信息处理可信度可以通过接口连接状态和实时报警信息来度量。以报警数为论域，系统处

理信息的可信度随着系统相关报警信息的增加而降低，因此，系统处理信息可信度的模糊分布为标准半高斯分布，即参数 $a=0$。

设系统 S 当前与铁路信号集中监测系统的连接状态为 o，其中 $S=\{$计算机联锁系统，车站列控中心$\}$，$o=\{1,0\}$。当 $o=1$ 时双方连接状态良好；反之 $o=0$ 时，双方断开连接，铁路信号集中监测系统与系统 S 之间无法实现信息共享。如铁路信号集中监测系统中涉及系统 S 的实时报警信息中，一二级报警及故障诊断、三级报警及预警、语音报警的条数分别为 x_1、x_2 和 x_3。三级报警信息权重分别为 α_1、α_2、α_3，则系统 S 处理信息的实时可信度 $A(x)$ 为

$$A(x)=o*e^{-\left(\frac{\sum_{i=1}^{3}\alpha_i x_i}{\sigma}\right)^2} \tag{5-21}$$

式中，参数 σ 的确定参照 CTC 调度命令可信度模糊分布确定方法进行。

5.4 动态模糊脆性实验

5.4.1 实验情景集设置

基于前文分析，在实际的高速铁路列车运行控制过程中可以采用上文中的模糊可信度度确认方式，实现高速铁路列车运行控制过程安全状态的实时监控。为进一步观察各子系统的模糊可信度对系统整体功能实现的影响，学者随机设置各子系统的模糊可信度，以观察模型的模糊可信度衰减过程。具体实现过程如下：如图 5-15 所示，在 Main 主页上添加控制控制库所 Controler6 和替代变迁 CFuzzyNum，用于在每次单次列车运行控制后进入下一次循环前重置各子系统的模糊可信度。即以单次循环为单位重置各子系统的模糊可信度，模拟各子系统的安全状态变化。

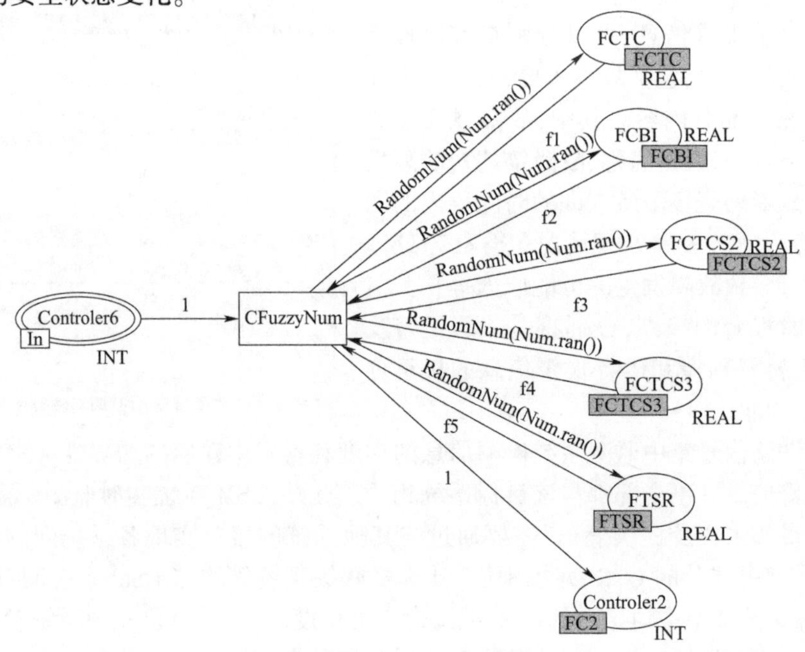

图 5-15　CFuzzyNum 子模型

如图5-1、图5-15所示,MAE子模型执行完毕后,在更新库所new_location内列车基本信息的同时,向库所Controler6中输出多重集为1`1的INT类型的托肯,CFuzzyNum子模型中的变迁CFuzzyNum使能并触发后,以函数RandomNum(Num. run)随机生成枚举颜色集Num范围内的随机数。其中,枚举颜色集Num及的定义如下:

$$\text{colset Num} = \text{int with } 1..100; \tag{5-22}$$

$$\text{funRandomNum}(m:\text{INT}) = \text{Real.fromInt}(m)/100.0; \tag{5-23}$$

在后续的情景集设置中,为了区分不同子系统在不同模糊可信度水平下的模糊可信度衰减过程,将颜色集Num进一步划分为以下三种。

$$\text{colset NumA} = \text{int with } 85..100; \tag{5-24}$$

$$\text{colset NumB} = \text{int with } 60..85; \tag{5-25}$$

$$\text{colset NumC} = \text{int with } 1..60; \tag{5-26}$$

分别对应子系统的模糊可信度水平位于[0.85,1]、[0.6,0.85]、[0.01,0.6]的三个水平区间,为叙述方便,简称A区间、B区间和C区间。

为了考察各子系统不同的模糊可信度水平组合对系统功能实现过程中模糊可信度衰减速度的影响,设置实验情景集如下:

①所有子系统的模糊可信度全部采用颜色集Num的定义,单次循环中的各子系统的模糊可信度在[0.01,1.0]间随机确定。

②以单个子系统为考察对象,分别设置其模糊可信度水平位于B区间、C区间,考察在其余子系统均处于A区间时,系统模糊可信度衰减速度。该情景有利于进一步观察各子系统对系统整体模糊可信度衰减的影响。

需要说明的是,各子系统的初始模糊可信度及初始库所的模糊可信度均设置为1.0。为尽可能地提高模型收集系统模糊可信度数据的能力,充分观察系统功能实现过程中的模糊可信度衰减过程,将系统脆性崩溃的标准设置为包含列车基本信息的库所new_location的综合模糊可信度低于0.01。即当该库所的模糊可信度低于0.01时,系统脆性触发,系统崩溃。因此,系统数据收集中止的条件有以下两种:

①观察列车的运输任务已全部完成,列车已到达终点站,模型内没有可触发的使能变迁。

②库所new_location的综合模糊可信度低于0.01,系统崩溃,已无进一步收集模糊可信度衰减过程的必要。其中,综合模糊可信度JF的计算方式如下:

$$JF = (0.35 * fl1 + 0.15 * fc + 0.15 * fr + 0.35 * ft1)/4.0 \tag{5-27}$$

5.4.2 动态模糊可信度波动性分析

以MAR子模型中的FTrE库所、FMA库所、FNewMA库所,MAE子模型中的FNL1库所、FNL2库所为观察库所,模拟高速铁路列车运行控制过程中的模糊可信度衰减过程。其中MAR子模型中的三个库所主要用于跟踪列车基本信息模糊可信度(fl,fc,fr,ft)中的列车位置信息模糊可信度fl和列车临时限速信息模糊可信度ft,MAE子模型中的两个库所用于跟踪列控等级信息模糊可信度fc和所属RBC编号的模糊可信度信息fr。以情景集①为例,模型仿真得到的部分基础数据示例如表5-4所示。其中,标识符一栏“ * ”特指用于更新列车基本信息的模糊库所 FTrE 的模糊可信度,该值是在单次行车许可更新后的列车基本信息,标记了单次循环后的列车基本信息模糊度。此外,标识"MAR"表示 MAR 子模型中的两个观察库所中的模糊可信度,标识"MAE"表示 MAE 子模型中 FMA 库所、FNewMA 库所的模糊可信度。

观察库所模糊可信度 表 5-4

标识符	FL	FC	FR	FT
*	1	1	1	1
MAR	1	1	1	1
MAE	1	1	1	1
MAE	1	1	1	1
MAR	1	1	1	1
*	1	1	1	1
MAR	0.32	1	1	0.00496
MAE	1	0.32	1	1
MAE	1	0.32	0.32	1
MAR	0.1024	1	1	0.00158
*	0.1024	0.32	0.32	0.00158
MAR	0.000118702	0.32	0.32	$3.41650361549 \times 10^{-6}$
MAE	0.1024	0.0192	0.32	0.0015872
MAE	0.1024	0.0192	0.0192	0.0015872
MAR	7.1221248×10^{-6}	0.32	0.32	$2.04990216929 \times 10^{-7}$
*	7.1221248×10^{-6}	0.0192	0.0192	$2.04990216929 \times 10^{-7}$

观察表 5-4 可知,标识符"MAE"下的观察库所在单次循环中的列车位置模糊可信度 FL、临时限速模糊可信度 FT 保持不变,同样的,标识符"MAR"标识符下的列控等级模糊可信度 FC、所属 RBC 编号模糊可信度 FR 保持不变。造成这种现象的根本原因同样是因为 MAR 和 MAE 各自处理的相关信息不同。基于这种规律,进一步将基础数据划分为单次循环后的模糊可信度、FL、FT、FC、FR 五个部分。重新统计后的基础数据见表 5-5。

更新后的模糊可信度基础数据 表 5-5

*				均值	FL	FT	FC	FR
1	1	1	1	1	1	1	1	1
1	1	1	1	1	1	1	0.32	0.32
0.1024	0.32	0.32	0.00158	0.186	0.32	0.00496	0.019	0.0192
7.122×10^{-6}	0.019	0.019	2.049×10^{-7}	0.0192	0.1024	0.00159	—	—
—	—	—	—	—	0.000119	3.416×10^{-6}	—	—
—	—	—	—	—	7.122×10^{-6}	2.049×10^{-7}	—	—

基于表5-5中的基础数据,在各子系统的模糊可信度在[0.01,1]区间内随机分布条件下,高速铁路列车运行控制信息传递过程模型的模糊可信度衰减趋势如图5-16所示。在该模式下,模型仿真仅进行了129步,经历了三次列车运行控制过程,即三次循环。可见在各子系统模糊可信度完全随机的情况下,高速铁路列车运行控制信息传递过程模型对行车许可请求的处理及列车基本位置更新在极短的时间内迅速衰减,在三次循环之后即宣告系统脆性崩溃。

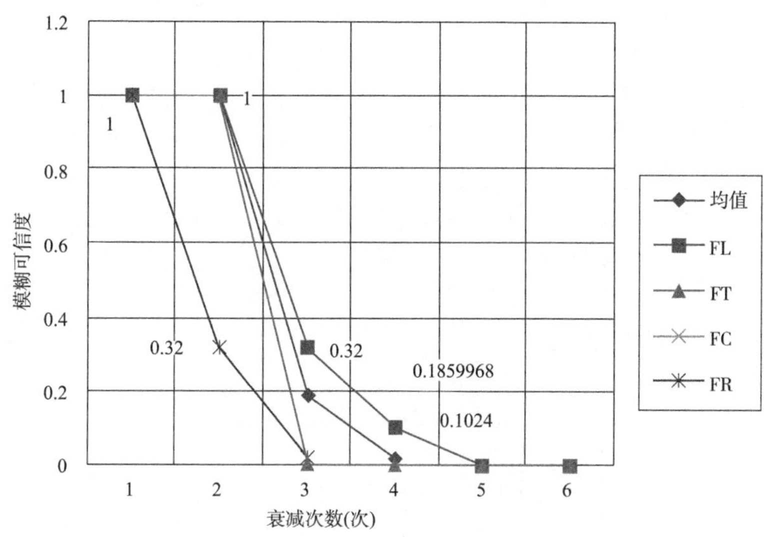

图5-16　完全随机模式下的模糊可信度衰减趋势图

作为对比,学者以同样的方式模拟各子系统的模糊可信度均处于A区间时,高速铁路列车运行控制信息传递过程模型的模糊可信度衰减趋势如图5-17所示。该次仿真共进行了1037步,共进行了23次循环。相比于完全随机模式,该情景下的模型模糊可信度衰减速度大幅降低。

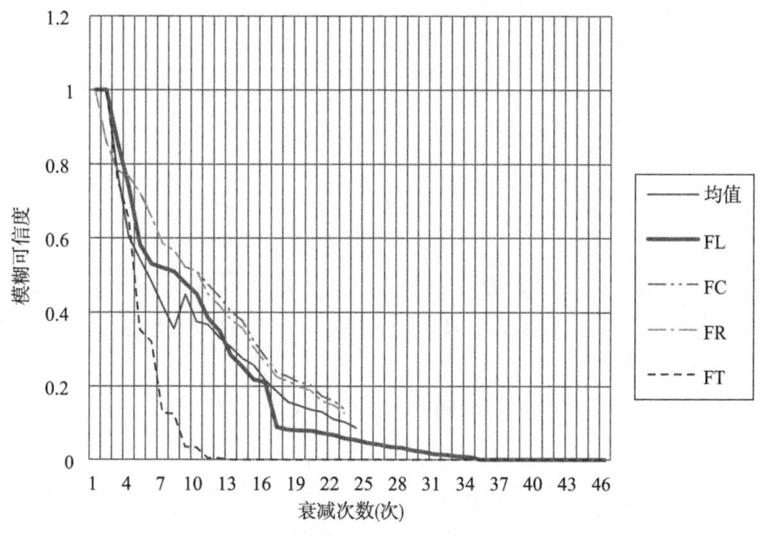

图5-17　A区间内模糊可信度衰减趋势图

以 A 区间内模糊可信度衰减为基准，依据情景集②设置模型内各子系统的模糊可信度分别位于 B 区间、C 区间时的模型模糊可信度衰减过程，如图 5-18、图 5-19 所示。其中 AllA 是指所有子系统的模糊可信度在 A 区间内随机设置时的模糊可信度均值。

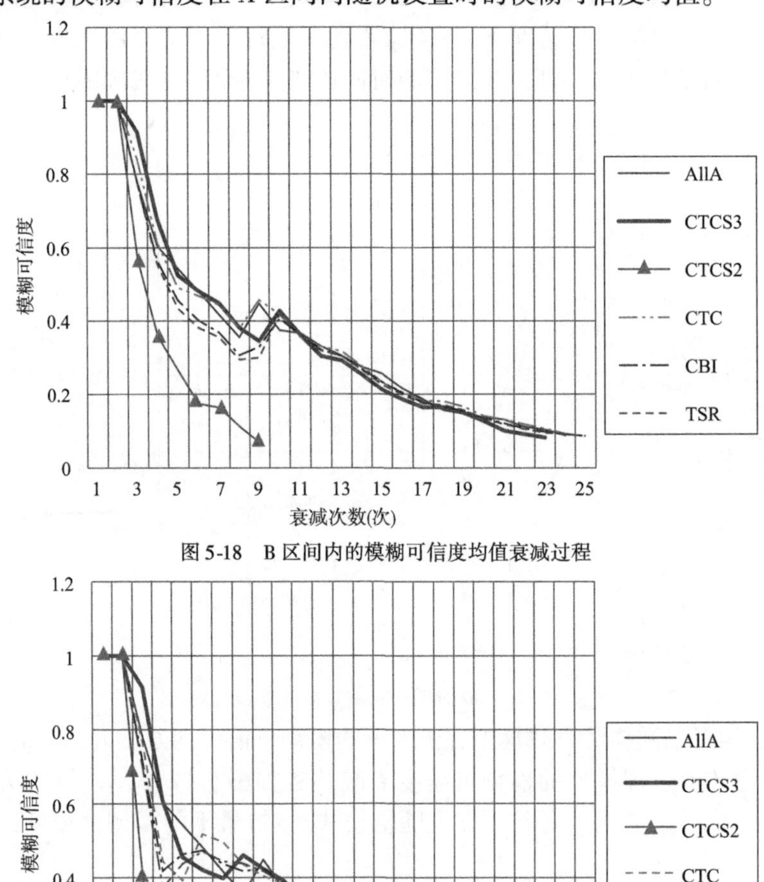

图 5-18　B 区间内的模糊可信度均值衰减过程

图 5-19　C 区间内的模糊可信度均值衰减过程

从图 5-18 可以看出，以 CTCS2 为目标子系统，设置其模糊可信度位于 B 区间内随机波动时，模型模糊可信度衰减过程相比于其他子系统及基准线 AllA 更为迅速，其他子系统与基准线 AllA 的趋势基本持平。

同样在图 5-19 中，当各子系统的模糊可信度分别设置在 C 区间时，CTCS2 子系统的模糊可信度均值衰减速度更快。其他子系统的衰减过程相比于图 5-17 浮动更大，但基本与基准线趋势相同。根据对比实验可以看出 CTCS2 子模型的模糊可信度水平对系统整体功能实现过程的模糊可信度水平影响较大。造成这种现象的主要原因是 CTCS-2 级列控模式下对列车行车许可延伸请求的处理过于粗糙，与其他系统没有形成完全的闭合信息沟通链。相比于 CTCS-3 级列控模式下不论是车站还是区间内均以单个闭塞分区为单位与计算机联锁子系统 CBI 进行良好的信息沟通和确认,CTCS-2 级子模型区间内的行车许可延伸基于轨道电路收集的区间内闭塞分区占用情况完成,车站进路则需等待计算机联锁子系统 CBI 的单向信息传送且以整条进路许可的方式进行。

除了从整体上对比各子系统的模糊可信度水平分别在 B 区间、C 区间内时对系统整体模糊可信度水平均值的影响外,还可分别查看对列车基本信息 fl、ft、fc、fr 的影响。以各子系统的模糊可信度水平在 C 区间内时对临时限速信息模糊可信度水平的影响为例,其模糊可信度衰减过程如图 5-20 所示。

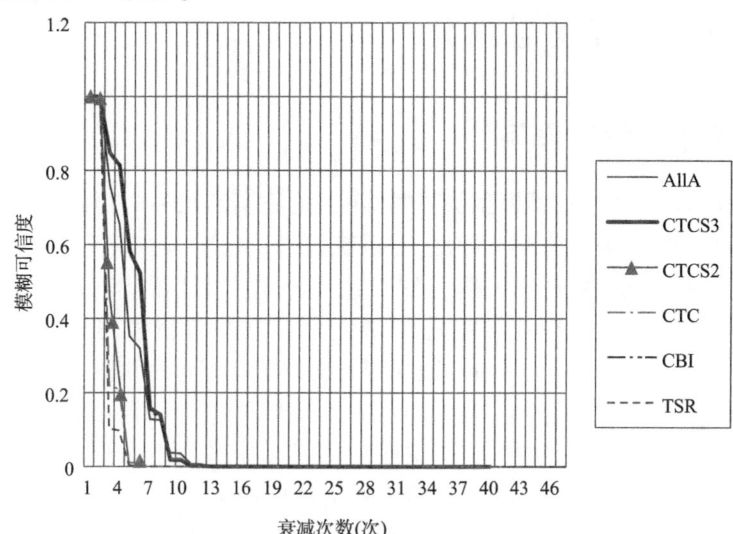

图 5-20 C 区间内 FT 模糊可信度衰减过程

尽管 CTCS2 子模型在模糊可信度均值衰减速度中均为第一位,但是在临时限速信息的模糊可信度衰减过程中,TSR 子模型模糊可信度在 C 区间时对系统临时限速模糊可信度的衰减影响最大。这是由于相比于其他子系统,TSR 子系统主要负责的就是临时限速信息的储存、下达及确认过程。该过程的模糊可信度水平降低对临时限速模糊可信度水平具有直接影响。

第6章　高速铁路列车运行控制过程脆性监管策略

6.1　CPN Tools 监视器简介

6.1.1　监视器的种类及作用

在利用 CPN Tools 对 Petri 网模型仿真时,除了关注模型在不同初始标识下的最终标识外,还常常为了进一步挖掘系统动态特性,对系统仿真过程中某些特定库所标识、变迁触发次数、变迁绑定元素等统计数据感兴趣。在 CPN Tools 中,监视器(Monitor)正是基于此需求设置的。除了挖掘库所标识、变迁绑定元素、变迁触发次数等信息用于进一步统计分析之外,监视器还提供了基于这些信息进一步控制系统仿真行为的功能。例如,通过监视器设置使模型在某库所标识为空或某特定标识时,系统仿真中止。CPN Tools 提供的监视器工具板界面如图 6-1 所示。

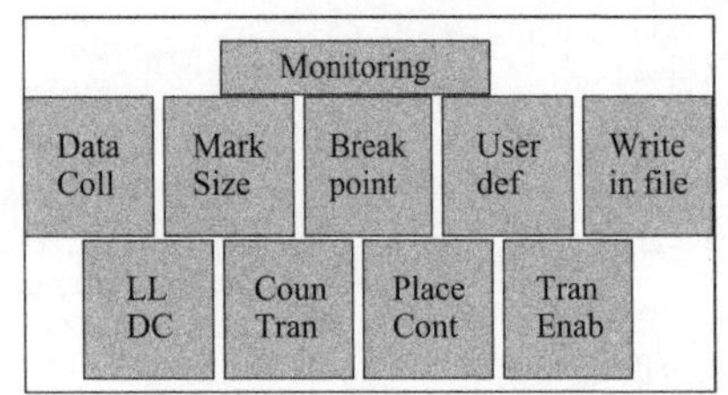

图 6-1　监视器工具板

该界面共含有仿真工具支持的 9 类监视器。可以添加监视器用于数据更新、统计的模型元素有以下三种。

①模型中的某个库所或某个变迁。

②由同一个子页上的库所、弧、变迁等组成的群组(Group)。

③由模型不同子页上的库所、弧、变迁等组成的全局群组(Global group)。

既不包含库所,也不包含变迁。此时,Monitor 应用于模型索引中的某一个子页名称。

根据显示器种类的不同,其可以绑定的模型元素也各有不同。概述各类显示器的作用及其使用要求见表 6-1。

监视器种类及作用一览表　　表 6-1

监视器种类	作　用	备　注
DataColl	收集模型数据信息,并存入模型 log 文件中	只用于收集 int、InfInt. int、real 类型的数值
MarkSize	库所托肯计数	只可用于单个库所
BreakPoint	预设条件满足时,仿真中止	—
Userdef	用户自定义监视器	—
Writeinfile	信息写入文件	—

续上表

监视器种类	作　　用	备　　注
LLDC	统计颜色集类型为 List 列表颜色集的库所的列表长度	只可用于颜色集类型为 List 列表颜色集的库所
CounTran	统计变迁触发次数	只可用于单个变迁
PlaceCount	BreakPoint 监视器的一种,以某库所的某特定标识为仿真中止条件	用于库所
TranEnab	BreakPoint 监视器的一种,以某变迁触发为仿真中止条件	用于变迁

6.1.2 监视器函数

根据使用目的选用合适的监视器及需要监视的模型元素后,CPN Tools 自动生成监视器函数的初始代码。以高速铁路列车运行控制过程模糊脆性模型为例,为了统计模型仿真过程中 CTC 子系统的模糊可信度均值,以 CFuzzyNum 子页中的变迁 CFuzzyNum 和库所 FCTC 为组合考察元素,选用 DataColl 监视器收集数据。设置完毕后系统自动生成该监视器的函数初始代码如图 6-2 所示。该监视器被命名为 FCTC,监视器类型为 Data Collection(简写为 DataColl)。其中 logging 前复选框为勾选状态,表示监视器收集到的数据将会自动写入模型 log 文件。子标签"Nodes ordered by pages"表明监视器所监视的模型元素,分别为 CFuzzy-Num 变迁和 FCTC 库所。剩下的子标签 predicate、observer、init function、stop 则分别对应着完成监视器功能的四个函数。

当然,目前这四个函数的代码并没有任何实际意义,而只是提供一个框架用于指导监视器函数的自定义。四个函数的作用如下。

(1)初始化函数 init

初始化函数,用于在仿真开始前返回一个 optional 类型的数值。如果返回的是 NONE,则什么都不发生,如果返回的是 SOME x,则 x 值将被写入 log 文件中。在该示例中同样保持初始代码不变,即仿真开始前并不收集任何数据。

(2)条件函数 predicate

初始化函数规定了监视器的启动条件,当且仅当该启动条件成真时,监视器启动。一般情况下,启动条件是以监视器所监视的模型变迁元素的触发为基础条件,可另外附加其他条件。若所监视的模型元素没有变迁,则需在模型每一步仿真中都来验证监视器的启动条件是否成真。在该示例中,考虑到变迁 CFuzzyNum 与库所 FCTC 的关联关系,当且仅当变迁 CFuzzyNum 触发时库所 FCTC 内的标识发生变化。因此,采用初始化代码中的变迁 CFuzzyNum 触发为启动条件。初始化代码不需要做任何修改。FCTC 监视器函数初始设置如图 6-2 所示。

(3)观察函数 observer

当条件函数返回值为真时,监视器启动观察函数用于收集相关数据。在该示例中,监视器收集的是库所 FCTC 的标识,即 CFyzzyNum 变迁触发时变量 f1 的值。改写观察函数如下:

```
fun obs(bindelem,CFuzzyNum'FCTC_1_mark:REAL ms) =
```

```
let
  fun obsBindElem(CFuzzyNum'CFuzzyNum(1,{f1,f2,f3,f4,f5})) = f1
    |obsBindElem_ = ~1.0
in
obsBindElem bindelem
end
```

```
▼Monitors
  ▼FCTC
    ▼Type:Data collection
      □Timed
      ☑ Logging
    ▼Nodes ordered by pages
      ▼CFuzzyNum
          CFuzzyNum(transition)
          FCTC(place)
    ▼Predicate
        fun pred(bindelem,
                 CFuzzyNum'FCTC_1_mark:REAL ms)=
        let
         fun predBindElem(CFuzzyNum'CFuzzyNum(1,
                    {f1,f2,f3,f4,f5})))=true
            | predBindElem_=false
        in
         predbindElem bindelem
        end
    ▼Observer
        fun obs(bindelem,
                CFuzzyNum'FCTC_1_mark:REAL ms)=
        let
         fun obsBindElem(CFuzzyNum'CFuzzyNum(1,
                    {f1,f2,f3,f5}))=0
            | obsBindElem+=~1
        in
         obsBindElem bindelem
        end
    ▼Init function
        fun init(CFuzzyNum'FCTC_1_mark:REAL ms)=
         NONE
    ▼Stop
        fun stop(CFuzzyNum'FCTC_1_mark:REAL ms)=
         NONE
```

图6-2　FCTC监视器函数初始设置

(4)终止函数 stop

监视器的终止函数不同于用于仿真终止的 BreakPoint 监视器，该终止函数只是用于 BreakPoint 监视器内的函数成真即仿真终止时，写入 log 文件中的数值信息。在该示例中，利用终止函数将 FCTC 库所的最终标识写入 log 文件。函数改写如下：

```
funinit(CFuzzyNum'FCTC_1_mark:REAL ms) =
SOME(ms_to_col(CFuzzyNum'FCTC_1_mark));
```

其中，ms_to_col(CFuzzyNum'FCTC_1_mark)用于获得库所 FCTC 中的最终标识，并将其从 REAL 类型的多重集格式转换为 real 类型的 optional 格式。

以5.4节中的各子模型的模糊可信度均位于 A 区间为例仿真模型，得到 FCTC 监视器收集到的数据，部分数据示例见表6-2。数据包括库所 FCTC 在仿真过程中所有出现过的模糊可信度、收集次序、收集时仿真步数。本次仿真 FCTC 监视器共收集到25个数据，CTC 子模型的模糊可信度平均值为0.94。

FCTC 监视据收集数据部分示例　　表 6-2

#data	counter	step
1.000000	1	0
1.000000	2	40
0.970000	3	86
0.900000	4	130
0.910000	5	174
0.960000	6	216
1.000000	7	260

需要说明的是,在第 5 章中对高速铁路列车运行控制信息传递过程模糊脆性模型进行动态模糊脆性分析时,其输出库所的模糊可信度同样是通过设置监视器完成相关数据收集的。

6.2　基于监视器的动态模糊脆性监管

6.2.1　动态模糊脆性监管策略

根据动态模糊脆性的定义,当系统模糊可信度低于目标值时可认为系统产出不可信,系统因脆性传播而崩溃。因此,在高速铁路列车运行控制过程的动态模糊脆性监管,可以通过实时监控系统输出的模糊可信度,度量系统整体的安全状态。该动态模糊脆性监管策略具有以下特点及作用。

①高速铁路列车运行控制过程模型是一个集列控子系统、计算机联锁子系统、调度集中子系统于一体的多层次模型。基于该模型的动态模糊脆性监管不再集中于单个子系统的安全状态,而是以系统整体功能实现的实时模糊可信度为监管目标。当系统实时模糊可信度低于最低安全要求时,发出警报并加入人工干预过程,保证每一个行车许可的更新都处于安全可控的水平内。

②有色 Petri 网及其仿真工具 CPN Tools 以系统功能实现过程为核心,且该过程可回溯可前推。因此,高速铁路列车运行控制过程的动态模糊脆性监管不止可实现实时模糊可信度跟踪,还可以随时回溯当前模糊可信度的累积过程并定位主要脆性源,或者预测当前系统整体模糊可信度在未来的行车控制中的衰减趋势,并以保证系统整体输出的安全可靠性为目的对各子系统的模糊可信度提出安全标准。

6.2.2　监控器设置

基于前文的内容,CPN Tools 中的监视器可以定向观察、读取、记录模型中特定库所标识、变迁触发时的绑定元素等相关信息,因此,可以用于实现高速铁路列车运行控制信息传递过程模型的模糊可信度实时监控,从而达到系统动态模糊脆性监管的目的。根据监控对象的不同,用于模型动态脆性监管的监视器可以分为以下三种。

(1)各子系统模糊可信度监管

在高速铁路列车运行控制过程模糊脆性模型中,各子系统的模糊可信度在子页面CFuzzyNum上集中设置。因此,以图5-14中的CFuzzyNum变迁和FCTC库所、FCTCS2库所、FCTCS3库所、FCBI库所和FTSR库所为群组,以Writeinfile监视器监控各子系统的模糊可信度。由于DataColl监视器只能用于收集real、int、InfInt. int等数值类型的数据信息,若采用DataColl监视器,每个子模型的模糊可信度都需要单独制定一个监视器用于模糊可信度数据收集。而WriteinFile监视器的数据类型为写入文本文件的string类型,可以在数据类型转换的基础上同时收集多个数据。考虑到系统对各子模型的模糊可信度的更新都是同时进行的,可采用Writeinfile监视器通过“#”分隔不同子系统数据的形式同时采集五个子系统的模糊可信度。与DataColl监视器函数类似,WriteinFile监视器包括初始化函数init、条件函数predicate、观察函数observer和终止函数stop四种。

①初始化函数init。

该监视器在各子系统的模糊可信度数据收集中,每完成一次循环,收集该次循环中各子系统的模糊可信度取值。因此,在初始化函数中,并不需要记录各模糊可信度的初始值。考虑到WriteinFile监视器同时收集五个子系统的模糊可信度并以“#”隔开,为了仿真完成后的数据辨识,在init函数中标识收据收集的先后顺序为FCTC、FCBI、FCTCS2、FCTCS3、FTSR。各模糊库所名称同样以“#”隔开。

```
fun init (CFuzzyNum'FCBI_1_mark:REAL ms, CFuzzyNum'FCTC_1_mark:REAL ms, CFuzzyNum'FCTCS2_1_mark:REAL ms, CFuzzyNum'FCTCS3_1_mark:REAL ms, CFuzzyNum'FTSR_1_mark:REAL ms) =
"FCTC#FCBI#FCTCS2#FCTCS3#FTSR \r\n";
```

②条件函数predicate。

在高速铁路列车运行控制信息传递过程动态模糊脆性模型中,模型仿真每循环一次,完成一次列车运行控制过程,CFuzzyNum子页面的CFuzzyNum变迁触发一次,各子系统的模糊可信度更新一次,WriteinFile监视器收集各子系统的模糊可信度数据一次。因此,WriteinFile监视器的条件函数为CFuzzyNum变迁触发。

```
fun pred (bindelem,
CFuzzyNum'FCBI_1_mark:REAL ms, CFuzzyNum'FCTC_1_mark:REAL ms, CFuzzyNum'FCTCS2_1_mark:REAL ms, CFuzzyNum'FCTCS3_1_mark:REAL ms, CFuzzyNum'FTSR_1_mark:REAL ms) =
    let
        fun predBindElem (CFuzzyNum'CFuzzyNum (1, {f1,f2,f3,f4,f5})) = true
          | predBindElem _ = false
    in
        predBindElem bindelem
    end
```

③观察函数observer。

observer函数用于实现在变迁CFuzzyNum触发后,收集参与高速铁路列车运行控制动态模糊脆性推理的上一次各子系统模糊可信度取值。函数中采用子函数 REAL. mkstr( )将原本为 REAL 类型的各子系统的模糊可信度转换为 string 类型。且收据收集顺序应与 init 函数中的表头顺序设置一致。

```
fun obs (bindelem,
CFuzzyNum'FCBI_1_mark: REAL ms, CFuzzyNum'FCTC_1_mark: REAL ms, CFuzzyNum'FCTCS2_1_mark: REAL ms, CFuzzyNum'FCTCS3_1_mark: REAL ms, CFuzzyNum'FTSR_1_mark: REAL ms) =
let
    fun obsBindElem (CFuzzyNum'CFuzzyNum (1, {f1,f2,f3,f4,f5})) =
REAL. mkstr(f1)^"#"^REAL. mkstr(f2)^"#"^REAL. mkstr(f3)^"#"^REAL. mkstr(f4)^"#"^REAL. mkstr(f5)^"\r\n"
        | obsBindElem _ = ""
in
    obsBindElem bindelem
end
```

④终止函数 stop。

在高速铁路列车运行控制过程动态模糊脆性仿真推理中止后,由于监视器采集的各子系统模糊可信度数据为上一次循环中的模糊可信度取值,因此,在 stop 函数中还需要再收集一次各子系统模糊库所在仿真中止时的标识。在 stop 函数中,子函数 ms_to_col( )用于将多重集表示的库所标识转换为颜色集,子函数 Real. toString( )实现从 real 数据到 string 类型数据的转换。

```
fun stop (CFuzzyNum'FCBI_1_mark: REAL ms, CFuzzyNum'FCTC_1_mark: REAL ms, CFuzzyNum'FCTCS2_1_mark: REAL ms, CFuzzyNum'FCTCS3_1_mark: REAL ms, CFuzzyNum'FTSR_1_mark: REAL ms) =
Real. toString(ms_to_col(CFuzzyNum'FCTC_1_mark ))^"#"^Real. toString(ms_to_col(CFuzzyNum'FCBI_1_mark))^"#"^Real. toString(ms_to_col( CFuzzyNum'FCTCS2_1_mark))^"#"^Real. toString(ms_to_col(CFuzzyNum'FCTCS3_1_mark))^"#"^Real. toString(ms_to_col(CFuzzyNum'FTSR_1_mark))^"\r\nThe simulation stopped after step "^IntInf. toString(step())^"\r\n"
```

此外,监视器数据收集的终止条件是由 BreakPoint 监视器完成的。考虑到高速铁路列车运行控制过程为安全苛求过程,将可接受的各子系统的模糊可信度设置为 0.85,即当任一子系统的模糊可信度低于 0.85 时,系统仿真终止。BreakPoint 监视器的条件函数如下:

```
fun pred (bindelem,
CFuzzyNum'FCBI_1_mark: REAL ms, CFuzzyNum'FCTC_1_mark: REAL ms, CFuzzyNum'FCTCS2_1_mark: REAL ms, CFuzzyNum'FCTCS3_1_mark: REAL ms, CFuzzyNum'FTSR_1_mark: REAL ms) =
let
    fun predBindElem (CFuzzyNum'CFuzzyNum (1, {f1,f2,f3,f4,f5})) = f1 <0.85 orelse f2 <0.85 orelse f3 <0.85 orelse f4 <0.85 orelse f5 <0.85
```

```
        | predBindElem _ = false
in
    predBindElem bindelem
end
```

当系统终止后,仿真模型需外界介入,重新调整各子系统的模糊可信度及列车基本信息的模糊可信度。加入系统自动修复功能后的 CFuzzyNum 子页面如图 6-3 所示。

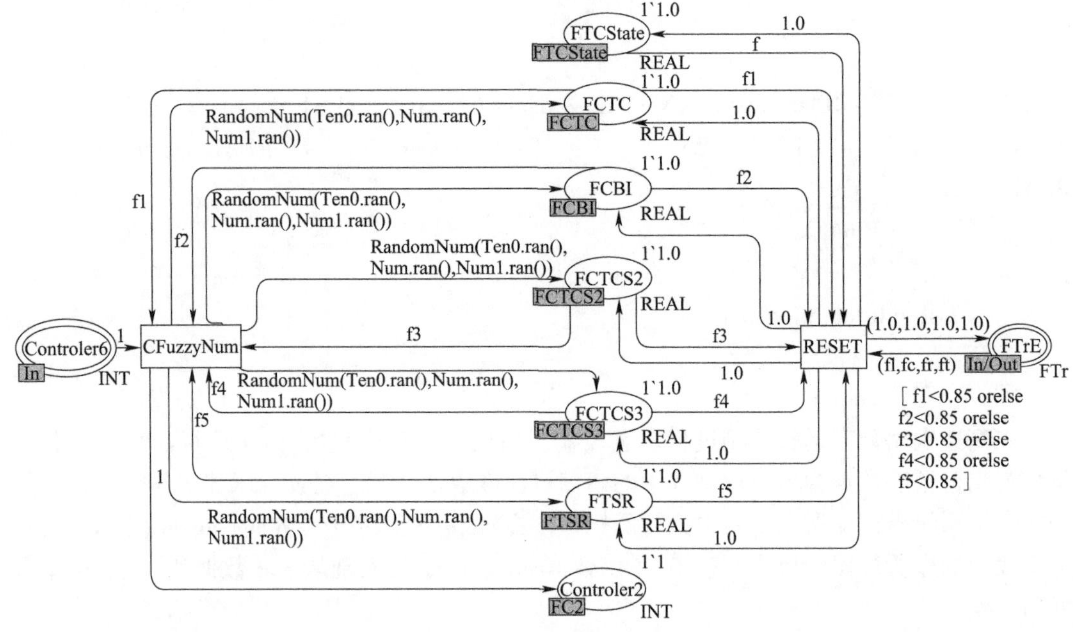

图 6-3　修正后的 CFuzzyNum 子页面

(2)列车行车许可延伸请求处理结果模糊可信度监管

在高速铁路列车运行控制过程动态模糊脆性模型中,列车行车许可延伸请求处理结果包括涉及列车位置模糊可信度和限速信息模糊可信度的 FNewMA 库所、涉及列控 4 等级模糊可信度和所属 RBC 编码模糊可信度的 FNL2 库所。因此,以 MAE 子页面上的 FNewMA 库所、FNL2 库所和 MAExtend 变迁为群组,采用 DataColl 监视器采集每次循环后的列车基本信息模糊可信度。

①条件函数 predicate。

以变迁 MAExtend 的触发为变迁的条件函数,MAExtend 触发一次,监视器采集列车行车许可延伸请求结果的模糊可信度数据一次。

②观察函数 observer。

在高速铁路列车运行控制过程模糊脆性模型中,列车行车许可延伸请求处理结果的模糊可信度包括列车位置信息模糊可信度、列控等级信息模糊可信度、列车所属 RBC 编码信息模糊可信度和列车临时限速信息模糊可信度四个部分。而 DataColl 监视器只能获取一个 int、InfInt. Int 或 real 类型的数据,因此,需要将四个模糊可信度以一定的权重分配拟合为一种。在 observer 函数中,对列车位置模糊可信度和临时限速信息模糊可信度的权重设置为 0.35,剩下两个模糊可信度权重设置为 0.15。因此,oberver 函数中的数据收集函数如下:

```
fun obsBindElem(MAE'MAExtend(1,{ID,cl,cl1,fc,fc1,fl,fl1,fr,fr1,ft, ft1,i,j,m,n,p,
q,r,r1,s1,s2,sl,sv1, sv2,v,v0})) = 0.35 * fl1 +0.15 * fc +0.15 * fr +0.35 * ft1
        |obsBindElem _ = ~1.0
```

③初始化函数 init 和终止函数 stop。

在该监视器中,函数 init 和函数 stop 在模型仿真开始前和终止后均不采集任何数据,即函数 init 和函数 stop 的取值均为 NONE。

当列车行车许可请求延伸处理结果的综合模糊可信度低于 0.85 时可认为该处理结果不可信,模型仿真可终止。因此,该 DataColl 监视器的终止条件是(0.35 * fl1 +0.15 * fc +0.15 * fr +0.35 * ft1) <0.85。即 DataColl 监视器对应的 BreakPoint 监视器条件函数如下:

```
fun pred (bindelem,MAE'FNL2_1_mark : FTr ms, MAE'FNewMA_1_mark:FTr ms) = let
  fun predBindElem (MAE'MAExtend (1, {ID,cl,cl1,fc,fc1,fl,fl1,fr,fr1,ft, ft1,i,j,m,
n,p,q,r,r1,s1,s2,sl,sv1, sv2,v,v0})) =
(0.35 * fl1 +0.15 * fc +0.15 * fr +0.35 * ft1) <0.85
         |predBindElem _ = false
  in
predBindElem bindelem
    end
```

当行车许可延伸请求处理结果的模糊可信度低于 0.85,系统仿真终止时,需要外界介入,重新确认处理结果,使用于下一次循环的列车基本信息模糊可信度回到初始值。即库所 FTrE 的标识重新回到(1.0,1.0,1.0,1.0)。

修正后的 MAE 子模型中变迁 MAExtend 与库所 FTrE 的输出弧标识如图 6-4 所示。

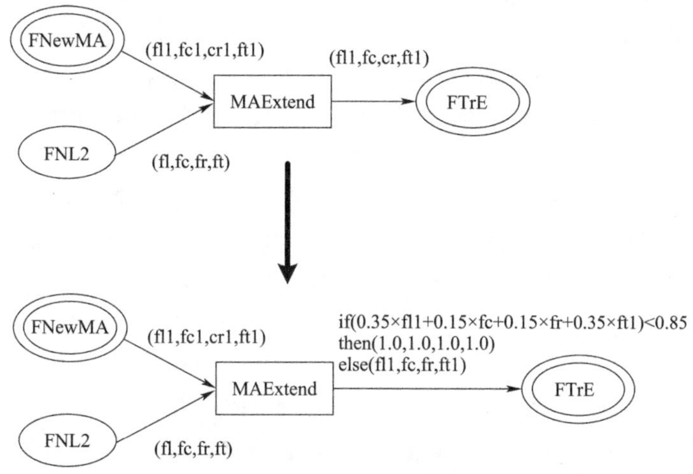

图 6-4 MAE 子模型修正示意图

(3)系统模糊可信度累积过程监管

系统模糊可信度累积过程监管是指对高速铁路列车运行控制过程中列车行车许可基本信息的模糊可信度形成过程进行监控。该过程通过选定模型模糊可信度推理过程中不同阶段的库所为监控对象,记录了单次循环中模糊可信度的累积过程。如表 6-3 所示,为过程监管的全局群组构成。该全局群组主要包括 MAR 和 MAE 两个子页面上的 5 个库所和 2 个变迁。与情景(1)中各子系统模糊可信度监管类似,该模糊可信度累积过程监管同样采用WriteinFile监视器,以达到同时收集多个数据的目的。

监视器全局群组构成 表6-3

所属子页名称	库　所	变　迁
MAE	FNL1	MAExtend
MAE	FNL2	SwitchR
MAE	FNewMA	—
MAE	FTrE	—
MAR	FMA	judge

①初始化函数 init。

该情景下的监视器初始化函数收集模型仿真开始前的列车基本信息模糊可信度,即库所 FTrE 中的标识。该初始标识是高速铁路列车运行控制信息传递模型进行模糊可信度推理的基础,也是后续得到的模糊可信度数据的对比标准。

```
fun init (MAE'FNL1_1_mark:FTr ms,MAE'FNL2_1_mark:FTr ms,MAE'FNewMA_1_mark:FTr ms,MAE'FTrE_1_mark:FTr ms,MAR'FMA_1_mark:FTr ms) = FTr. mkstr_ms(MAE'FTrE_1_mark)^"\r\n"
```

②条件函数 predicate。

该全局群组中共有三个变迁,所选五个库所与三个变迁之间至少存在一种输入或输出关系,即库所的标识变化与这三个变迁息息相关。因此,以监视器函数初始化代码中三个变迁中任意一个变迁的触发为监视器的启动条件。由于条件函数采用 CPN Tools 给出的初始化代码且前文中已有足够示例,此处不再赘述。

③观察函数 observer。

条件函数满足后,监视器启动观察函数用于收集相关数据。考虑到变迁 judge、变迁 MAExtend、库所 FMA 和库所 FNewMA 处理的是列车基本信息模糊可信度中的列车基本位置模糊可信度和列车临时限速模糊可信度,变迁 SwitchR 和库所 FNL1、库所 FNL2 处理的是列车基本信息模糊可信度中的列控等级模糊可信度和所属 RBC 编码模糊可信度,因此为了辨识数据来源,将前者收集到的数据加入"MAR"标识符,后者收集到的收据加入"MAE"标识符。此外,库所 FTrE 为单次循环完成后的列车基本信息模糊可信度,代表了一次循环的完成和下一次循环的开始,因此在采集 FTrE 模糊库所中的模糊可信度数据时前方加入" * "标识符。

```
fun obs(bindelem,MAE'FNL1_1_mark:FTr ms,MAE'FNL2_1_mark:FTr ms,MAE'FNewMA_1_mark:FTr ms,MAE'FTrE_1_mark:FTr ms,MAR'FMA_1_mark:FTr ms) =
let
  fun obsBindElem (MAE'MAExtend(1,{ID,cl,cl1,fc,fc1,fl,fl1,fr,fr1,ft, ft1,i,j,m,n,p,q,r,r1,s1,s2,sl,sv1, sv2,v,v0})) =
"MAR#"^FTr. mkstr_ms(1`(fl1,fc1,fr1,ft1))^"\r\n"^" * #"^FTr. mkstr_ms(MAE'FTrE_1_mark)^"\r\n"
    | obsBindElem (MAE'SwitchR (1, {ID,cl,f2,f3,fc,fl,fr,ft,i,p,q,r, r1,ra1,ras1,s,
```

```
s1,s2,sum,v0})) =
"MAE#"^FTr. mkstr_ms(1`(fl,fc,fr,ft))^"\r\n"^"MAE#"^FTr. mkstr_ms(MAE'FNL2_1_
mark)^"\r\n"
        |obsBindElem (MAR'judge (1,{ID,bn1,cl,f,f2,f3,fbs,fc,fl,fr,ft, i,j,p,q,r,rax,
rl,ro,s1,s2,sv1,sv2, v0})) = "MAR#"^FTr. mkstr_ms(1`(fl,fc,fr,ft))^"\r\n"
        |obsBindElem _ = ""
  in
      obsBindElem bindelem
  end
```

④函数 stop。

在模型仿真终止时,该过程监管监视器在文本文件中记录仿真停止是的仿真步数。采用子函数 step()实现。

```
fun stop(MAE'FNL1_1_mark:FTr ms, MAE'FNL2_1_mark:FTr ms,MAE'FNewMA_1_
mark:FTr ms, MAE'FTrE_1_mark:FTr ms,MAR'FMA_1_mark:FTr ms) = "The simulation
stopped after step "^IntInf. toString(step())^"\r\n"
```

过程监管监视器将单次循环不通阶段的列车基本信息模糊可信度记录了下来。且该记录不是综合模糊可信度,而是包括了模糊可信度中的列车基本位置模糊可信度、列控等级模糊可信度、所属 RBC 编码模糊可信度和列车临时限速模糊可信度四个部分的数据信息均被记录下来。该记录文件时列车基本信息模糊可信度的累积过程,对于任意一个中间数据,可回推计算各阶段对最终模糊可信息形成造成的影响,定位到模糊可信度下降的原因,便于实时系统整体安全监管。

6.2.3 动态模糊脆性监管仿真实验

在高速铁路列车运行控制过程模型动态模糊脆性监管仿真实验中,将上文中提到的三类监视器全部放于同一个模型中。此时,模型包括用于各子系统模糊可信度监管的 FuzzyNum 监视器、用于列车行车许可延伸请求处理结果模糊可信度的 NewMA 监视器、用于模糊可信度累积过程监管的 FuzzyMA 监视器和两个 BreakPoint 监视器。仿真实验的初始条件如下:

①初始基本位置信息为("G201",("A","B"),1,C3,1003,((1,2),250)),即目标列车 G201 位于区间(A,B)内的第 1 个闭塞分区,当前列控等级为 CTCS-3 级,所属 RBC 编码为 1003,当前区间的临时限速信息为在闭塞分区(1,2)范围内限速 250km/h。模型中所有模糊库所的初始标识为(1.0,1.0,1.0,1.0);

②仿真终止条件为列车基本信息的综合模糊可信度小于 0.85 或任一子系统的模糊可信度小于 0.85。

③各子系统的模糊可信度设置为 90% 情况下在区间[0.85,1.0]内随机波动,在 10% 的情况下在区间[0.01,0.85]内随机波动。

以上述仿真条件为基础,列车从初始位置通过行车许可延伸到达终点站 E 站为止,NewMA 监视器、FuzzyNum 监视器和 FuzzyMA 监视器收集到的数据见表 6-4 ~ 表 6-6。其中,表 6-6 中只显示了第一次模型仿真中止时模糊可信度的累积过程。

由表6-5可知，此次模型仿真共中止7次，分别在仿真的第130、395、483、658、792、879、1117步。以第一次仿真中止为例，根据BreakPoint监视器的条件函数，对比表6-4、表6-5可知，仿真第130步时列车基本信息的模糊可信度为0.814806，小于最低可接受值0.85。而各子系统的模糊可信度均高于临界值0.85，因此第一次仿真中止的原因是列车基本信息模糊可信度没有达到最低标准。

NewMA 监视器下的综合模糊可信度 表6-4

#data	counter	step	#data	counter	step	#data	counter	step
1	1	41	0.986	10	439	1	19	835
1	2	86	0.712798	11	483	0.764974	20	879
0.814806	3	130	0.930193	12	527	0.972	21	922
0.9615	4	175	0.905501	13	570	1	22	967
1	5	218	0.870068	14	615	1	23	1010
1	6	263	0.827927	15	658	1	24	1053
1	7	306	0.993035	16	703	0.944525	25	1098
1	8	351	0.989622	17	745	—	—	—
0.696317	9	395	0.776912	18	792	—	—	—

FuzzyNum 监视器下各子系统模糊可信度 表6-5

FCTC	FCBI	FCTCS2	FCTCS3	FTSR	FCTC	FCBI	FCTCS2	FCTCS3	FTSR
1	1	1	1	1	0.99	0.86	0.99	0.85	0.96
1	1	1	1	1	1	1	1	1	1
1	0.88	0.93	0.93	0.89	1	1	1	1	1
The simulation stopped after step 130					1	1	1	1	1
1	0.88	0.93	0.93	0.89	The simulation stopped after step 658				
1	1	1	1	1	1	1	1	1	1
1	1	1	1	1	1	1	1	1	1
1	1	1	1	1	1	1	1	1	1
1	1	1	1	1	0.85	0.87	0.93	0.88	0.98
1	1	1	1	1	The simulation stopped after step 792				
0.87	0.91	0.85	0.87	0.96	0.85	0.87	0.93	0.88	0.98
The simulation stopped after step 395					1	1	1	1	1
0.87	0.91	0.85	0.87	0.96	0.88	0.99	0.88	0.95	0.92
1	1	1	1	1	The simulation stopped after step 879				
1	1	1	1	1	0.88	0.99	0.88	0.95	0.92
The simulation stopped after step 483					1	1	1	1	1
1	1	1	1	1	1	1	1	1	1

续上表

FCTC	FCBI	FCTCS2	FCTCS3	FTSR	FCTC	FCBI	FCTCS2	FCTCS3	FTSR
1	1	1	1	1	1	1	1	1	1
1	1	1	1	1	The simulation stopped after step 1117				
1	1	1	1	1	—	—	—	—	—

FuzzyMA 监视器下的模糊可信度累积过程 表 6-6

标 识 符	FL	FC	FR	FT
*	1.000	1.000	1.000	1.000
MAR	1.000	1.000	1.000	1.000
MAE	1.000	1.000	1.000	1.000
MAE	1.000	1.000	1.000	1.000
MAR	1.000	1.000	1.000	1.000
*	1.000	1.000	1.000	1.000
MAR	1.000	1.000	1.000	1.000
MAE	1.000	1.000	1.000	1.000
MAE	1.000	1.000	1.000	1.000
MAR	1.000	1.000	1.000	1.000
*	1.000	1.000	1.000	1.000
MAR	0.818	1.000	1.000	0.828
MAE	1.000	0.930	1.000	1.000
MAE	1.000	0.930	0.930	1.000
MAR	0.761	1.000	1.000	0.770
*	0.761	0.930	0.930	0.770

根据表 6-4 中的数据，计算列车位置信息模糊可信度 FL、列控等级信息模糊可信度 FC、所属 RBC 编码信息模糊可信度 FR 和列车临时限速信息模糊可信度 FT 对综合模糊可信度下降所占的比例如下：

$$\text{FL 所占比例} = 0.35 \times (1 - 0.761)/(1 - 0.814806) = 45.17\%$$

$$\text{FC 所占比例} = 0.15 \times (1 - 0.930)/(1 - 0.814806) = 5.67\%$$

$$\text{FR 所占比例} = 0.15 \times (1 - 0.930)/(1 - 0.814806) = 5.67\%$$

$$\text{FT 所占比例} = 0.35 \times (1 - 0.770)/(1 - 0.814806) = 43.47\%$$

根据计算结果可知，列车基本信息综合模糊可信度低于最低可接受值 0.85 的主要原因是列车基本位置信息模糊可信度 FC 和列车临时限速模糊可信度 FT 的下降。通过监视器设置，高速铁路列车运行控制过程模型的动态模糊脆性监管主要实现了以下功能。

①当列车基本信息综合模糊可信度低于最低可接受值 0.85 时，系统发出警报并停止仿真直至外界介入确认列车基本信息使其回到初始值(1.0,1.0,1.0,1.0)。

②高速铁路列车运行控制中的 CTCS－2 级列控子系统、CTCS－3 级列控子系统、临时限

速 TSR 子系统、调度集中 CTC 子系统或计算机联锁 CBI 子系统，任意一个子系统的模糊可信度低于最低可接受值 0.85 时，系统发出警报并停止仿真直至外界确认该子系统正确处理信息的能力，使其模糊可信度回到初始值(1.0,1.0,.0,.0)。

③高速铁路列车运行控制过程中列车基本位置信息的模糊可信度推理过程通过几个特定的阶段节点的库所标识记录下来。通过该记录信息可以迅速确定列车基本信息综合模糊可信度下降原因，便于系统安全监管。

6.3 基于结构脆性分析的日常安全管理策略

从动态模糊脆性的角度出发的高速铁路列车运行控制过程脆性监管，是通过实时监控系统运行过程中的信息模糊可信度达到系统脆性动态实时监管的目的。而基于结构脆性分析的安全管理则是从系统静态结构的角度出发，基于系统状态空间脆性分析结果，提出高速铁路列车运行控制过程的日常安全管理策略、辅助系统更新时方案比选的原理。

6.3.1 日常安全管理策略

在前文高速铁路列车运行控制过程结构脆性分析中，学者提出了脆度和脆性相关性两个指标，并基 Standard ML 和 C#建立系统状态空间脆性分析仿真平台。根据计算结果，提出高速铁路列车运行控制过程的日常安全管理策略如下。

①脆度越大，该子系统或子单元崩溃后对高速铁路列车运行控制系统的整体功能实现影响越大，越需要加大日常安全管理力度保障系统安全有序的运行。以表 4-3 的计算结果为例，CTCS-2 级列控子系统、CTCS-3 级列控子系统、临时限速 TSR 子系统、计算机联锁 CBI 子系统和调度集中 CTC 子系统的脆度集中在区间[51.03%,65.91%]内，子系统间脆度相差不大，日常安全管理力度也要相互均衡。

除了子系统级别间的对比外，各子系统下属的各子功能实现变迁的脆度对比体现了子系统内部安全管理力度分布关系。以 CTCS-3 级子系统为例，该子系统下的各子功能实现变迁的脆度如表 6-7 所示。其中子变迁 TSRComplete3 的脆度最大为 40%，对应 CTCS-3 级列控子系统中的临时限速执行情况反馈子功能。子变迁 InfTrans 的脆度为 4.88%，主要实现列车基本信息向调度集中子系统 CTC 的传输。子变迁 SAExtend 对应 CTCS-3 级列控行车许可延伸请求处理子功能，脆度为 13.88%。子变迁 SAReq 对应 CTCS-3 级列控子系统向计算机联锁子系统 CBI 请求下一闭塞分区进路许可的子功能，脆度为 13.8%。子变迁 CopySA3 在模型中仅作为模型仿真实现的辅助变迁，不做进一步的脆度分析。根据以上分析结果，在区间内的行车许可延伸请求处理过程中，CTCS-3 级列控子系统内的子功能按照脆度大小排列，分别为临时限速执行情况反馈子功能(变迁 TSRCompleted3)、行车许可延伸请求处理子功能(变迁 SAExtend)、进路许可请求(变迁 SAReq)和列车基本信息传输(变迁 InfTrans)。当列车在区间运行时，CTCS-3 级列控子系统内子功能实现过程的安全监管力度需要与脆度大小排序相一致。

CTCS-3 级列控子系统下的子变迁的脆度分布 表 6-7

子 系 统	子 变 迁	脆度(%)
CTCS3	—	61.16
—	SAExtend	13.88
—	SAReq	13.80
—	TSRComplete3	40
—	InfTrans	4.88
—	CopySA3	7.32

②子系统、子单元间的脆性相关性越强,两者之间的信息交互关系越强,任意一个崩溃后对另一个的安全影响越大。因此,对于脆性相关性较强的对比组,需要特别注意安全管理力度不均衡的情况下,安全管理水平较低的一方对另一方的关联影响。同样根据前文中的计算结果可知,同一子系统下子单元间脆性相关性均较强,原因在于高速铁路列车运行控制过程就是基于各子系统间的信息交互关系进行的。因此,在子系统层面上的安全管理需要相互均衡。

同样以 CTCS-3 级列控为例,子系统内部的子变迁间的脆性相关性计算结果见表 6-8。除了列车基本信息的传输子功能 InfTrans 之外,剩余三个子功能间的信息交互关系均较强。其中子变迁 SAExtend 和子变迁 SAReq 的脆性相关性高达33.42%,这是由于 CTCS-3 级列控模式下对行车许可延伸请求的处理结果基于计算机联锁子系统 CBI 反馈的进路请求结果,即两个变迁之间存在较强的信息交互关系,因此在 CTCS-3 级列控模式下需要注意两个子功能间的安全关联关系。

CTCS-3 级列控下各子变迁间的脆性相关性 表 6-8

子变迁	SAExtend	SAReq	TSRComplete3	InfTrans	CopySA3
SAExtend	—	33.42%	20.61%	0	0
SAReq	33.42%	—	20.52%	0	0
TSRComplete3	20.61%	20.52%	—	8.70%	12.38%
InfTrans	0	0	20.52%	—	0
CopySA3	0	0	12.38%	0	—

6.3.2 系统更新方案比选辅助决策

高速铁路列车运行控制系统的发展伴随着通信技术、网络技术等铁路科学技术的发展与进步,当高速铁路列车运行控制系统面临新系统、新标准、新技术的引进或更新时,基于结构脆性指标结果可以为系统方案比选提供辅助决策。

从系统结构脆性的角度,系统发展或更新应以子系统、子变迁间的脆度降低、对比单元间的脆性相关性减弱为目的,即高速铁路列车运行控制过程中子系统、子单元的功能实现尽量独立化,对系统功能实现过程的影响均衡化。

第7章　结论与展望

7.1　主要研究内容及结论

安全、有序地执行高速铁路列车运行控制过程是铁路运输各部门、各工种高效运转，顺利完成铁路运输任务的基础。因此，高速铁路列车运行控制过程对各系统、子单元的安全水平具有非常严苛的要求。与此同时，高速铁路开放性运营、系统发展具有涌现性等特点，对于本身已经具有非常复杂的信息交互关系的高速铁路列车运行控制过程来说，更是提出了重重挑战。本书从系统内各子系统、子单元间的信息交互关系为出发点，基于有色 Petri 网和 CPN Tools 建立高速铁路列车运行控制过程模型，并通过模型变形分别分析系统模型的静态结构脆性和动态模糊脆性。

在静态结构脆性分析中，本书基于模型的状态空间，以任意变迁或状态空间节点为脆性源，计算脆性源崩溃后由于脆性传播引发的崩溃节点集，即脆度。以两个脆性源变迁为对比组分析其脆性相关性，即两者单独作为脆性源引发的脆性崩溃节点集的重合比例。基于脆度和脆性相关性两个指标提出高速铁路列车运行控制的日常安全管理策略。

在系统动态模糊脆性中，本书在基础模型的基础上加入模糊可信度因素，基于模糊 Petri 网中的命题规则推理模式，建立高速铁路列车运行控制过程中的模糊可信度推理过程。通过设置不同的监视器并定义其函数，将各子系统的模糊可信度、列车新的行车许可综合模糊可信度和系统内列车基本信息模糊可信度的累积过程记录下来，并用于系统动态模糊脆性分析。通过设置监视器，模型模拟了系统动态模糊脆性实时监管，在目标模糊可信度低于最低可接受值时，发出警报，并接受外界介入重新确认相关信息达到初始值的过程。

通过本书分析研究，可以得到以下结论：

①高速铁路列车运行控制过程模型以各子系统、子单元间的信息交互关系为视角建立有色 Petri 网模型。系统特点与有色 Petri 网面向过程，适于描述系统并发、冲突、顺序等关系特点相契合，并且基于有色 Petri 网状态空间分析和模糊 Petri 网的模糊可信度推理，完整保留了高速铁路列车运行控制系统功能实现过程，为系统信息脆性分析奠定了基础。本书所选方法与研究对象、研究内容是相契合的。

②高速铁路列车运行控制过程的结构脆性，以脆度和脆性相关性两个指标进行衡量。脆度越大，作为脆性源的子系统或子系统内的某一子功能实现变迁崩溃后对系统整体功能实现的影响越大，各子系统、子单元的日常安全管理水平应与脆度正相关。脆性相关性越高，作为对比组的子系统间或子系统内子功能实现变迁间的信息交互依赖关系越强，当针对其中一方做出安全策略调整时，需注意对另一方的关联影响。

③通过在系统功能实现过程中的不同阶段的观察节点上设置监视器及其函数，实时监

管列车运行控制过程的模糊可信度,可实现高速铁路列车运行控制过程动态模糊脆性监管。当模糊可信度低于最低可接受值时,系统发出警报并接受外界介入,以确认列车相关信息使其达到初始值。该过程模拟了系统实际应用中在系统整体层面上通过实时收集、评价各子系统、子单元信息处理能力的模糊可信度,并在系统模糊可信度低于最低可接受值时介入系统功能实现过程,实现系统动态模糊脆性监管的目的。

7.2 研究展望

高速铁路列车运行控制过程涉及各部门、各工种之间的协调配合。其问题本身的复杂性和安全苛求性对问题研究提出了挑战。本书在研究的过程中虽然努力做到在保持系统完整性的同时尽量降低系统复杂性对问题研究造成的困难,但是在研究中还是存在较多不足。在日后的研究完善可主要从以下两个方面展开。

①高速铁路列车运行控制过程建模采用了自顶向下的开发模式,为后续进一步细化模型提供了可能。因此,在后续研究中,可根据研究目的的需要进一步拓展某些功能的实现过程,如调度集中子系统总的列车运行调整过程(变迁 CTCAdjust)等。

②软硬件开发。高速铁路列车运行控制过程的动态模糊脆性监管在研究成熟后,可开发类似于铁路信息集中监测系统的安全监控系统。该系统可用于实时监控高速铁路列车运行控制过程的模糊可信度,并智能决策外界介入重新确认、修正系统信息可信度的时间,保证高速铁路列车运行控制安全有序地完成。

附　　录

附录 1　初始模型颜色集、自定义函数、变量声明列表及其含义

声明定义及其含义见附表 1-1。

声明定义及其含义　　附表 1-1

种类	声　　明	含　　义
颜色集	colset UNIT = unit;	单元颜色集,可以看作没有被颜色标识的集合
	colset INT = int;	整数颜色集
	colset BOOL = bool;	布尔颜色集
	colset STRING = string;	字符型颜色集
	colset TRAIN = STRING;	列车 ID
	colset STATION = STRING;	车站名称
	colset STATIONL = list STATION;	用列表颜色集表示列车依次经过的车站序列
	colset SET = product STATION * STATION;	区间,用相邻车站名称构成的积颜色集表示
	colset BlockNum = INT;	闭塞分区数目,表示是该区间内的第几个闭塞分区
	colset BlockSum = INT;	区间内的闭塞分区数目总和
	colset CTCSLevel = with C2 | C3;	枚举颜色集,表示列控等级存在 C2 和 C3 两个选项
	colset RBCNum = INT;	RBC 标识号,表示是该区段内的第几个 RBC
	colset BlockScope = product BlockNum * BlockNum;	由两个闭塞分区数目组成的闭塞分区范围,可用于表达列车前方在行车许可范围内的闭塞分区范围
	colset TSRValue = INT;	临时限速的值
	colset TSRContent = product BlockScope * TSRValue;	临时限速的内容,包括限速的闭塞分区范围和临时限速的值两个部分,以积颜色集表示
	closet TrLocation = product TRAIN * SET * BlockNum * CTCSLevel * RBCNum * TSRContent;	列车相关信息,由列车 ID、所在区间、闭塞分区
	colset SetBlockSum = product SET * BlockSum;	由区间和该区间的闭塞分区总数构成的积颜色集,用于关联存储不同区间内的闭塞分区总数
	colset SetBlockNum = product SET * BlockNum;	由区间和闭塞分区号码构成的积颜色集,用于定位某一区间的某一个闭塞分区
	colset TSR = product SET * BlockScope * TSRValue;	临时限速信息包,包括临时限速设置所在的区间、闭塞分区范围和临时限速值

续上表

种类	声　明	含　义
颜色集	colset TSRFi = record SBN: SetBlockNum * TSRC: TSRContent;	记录颜色集，包括一个闭塞分区的精确位置和临时限速内容两个部分
	colset MASum = INT;	行车许可包含的闭塞分区总数
	colset MAResult = BOOL;	行车许可申请结果，若为 true 则表示行车许可可以延伸到下一个闭塞分区，否则则不能
	colset SwitchTrans = product STATION * CTCSLevel * CTCSLevel;	列控等级转换应答器，由于该类型的等级转换一般将应答器安置在车站上，因此积颜色集由应答器所在车站名、当前列控等级和目标列控等级三部分构成
	colset MAScope = product TRAIN * BlockScope * CTCSLevel * RBCNum * TSRContent;	行车许可范围，包括列车 ID、闭塞分区范围、列控等级、RBC 编号和临时限速内容五部分
	colset MAScope23 = product CTCSLevel * TRAIN * BlockScope * CTCSLevel * RBCNum * TSRContent;	不同列控等级下生成的行车许可范围，包括列控等级、列车 ID、闭塞分区范围、RBC 编号和临时限速内容五部分
	colset TSResult = BOOL;	临时限速实施反馈，若为 true，表示临时限速实施完成，否则为失败
	colset DELAY = INT;	用于表示列车运行调整后，列车运行时刻相比于计划时刻的延后时间
	colset CTCAdjust = product TRAIN * STATION * DELAY;	列车运行调整信息包，包括列车 ID、车站名称和延迟时间三部分。由于列车在区间时采用自动闭塞运行，列车运行调整多体现在列车在车站的时间控制
	colset SARequest = product TRAIN * SET * BlockNum;	进路请求信息包，包括列车 ID、区间和闭塞分区编码三部分，表示列车 ID 对某区间某闭塞分区的进路请求，多出现在 C3 模式下的进路请求
	colset SAResult = BOOL;	进路请求结果，若为 true，表示进路请求成功，否则视为失败
	colset SA = product TRAIN * STATION * BlockScope * DELAY;	进路信息包，包括列车 ID、车站名称、闭塞分区范围和列车延迟四部分，多用于 C2 模式下列车对车站进路的请求
	colset STATE = with used | free | none;	车站进路状态，包括占用、空闲和没有空闲进路三种状态
	colset FreeBlockSum = INT;	空闲闭塞分区总数
	colset TCState = product TRAIN * SET * BlockNum * FreeBlockSum;	列车运行状态，包括列车 ID、所在区间和闭塞分区编码、前方空闲闭塞分区数三部分
	colset TCStateL = list TCState;	目标对象内的多列列车运行状态的集合

续上表

种类	声　明	含　义
颜色集	colset RouteNum = INT;	进路编码
	colset Route = product STATION * RouteNum * STATE;	进路信息,包括车站名、进路编码和进路状态三部分
	colset RouteL = list Route;	某车站内所有进路的信息集合
	colset EState = record TCL:TCStateL * RL:RouteL;	由联锁系统手机的列车运行状态信息和进路排列情况
	colset LiveInf = record TCL:TCStateL * RL:RouteL * TrL:TrLocation;	用于 CTC 调度台显示屏的现场信息显示,包括所有列车的运行状态、进路排列情况和列车相关信息
	colset Ten0 = int with 0..10;	带有范围的随机整数颜色集,用于产生 1 ~ 10 之间的随机整数
	colset Ten1 = int with 0..10;	带有范围的随机整数颜色集,用于产生 1 ~ 10 之间的随机整数
自定义函数	fun NextStation(s:STATION,s1::sl:STATIONL) = if s = s1 thenhd(sl) else NextStation(s,sl);	函数 NextStation 用于求解当前车站下的下一个车站名称
	fun MAExtend(ID:TRAIN,re:MAResult,s1:STATION,s2:STATION,i:BlockNum,sum:BlockSum,sl:STATIONL,cl:CTCSLevel,r:RBCNum,p,q:BlockNum,v0:TSRValue) = if re then if s1 = s2 then if i = sum then (ID,(s2,NextStation(s2,sl)),1,cl,r,((p,q),v0)) else (ID,(s1,s2),i + 1,cl,r,((p,q),v0)) else if i = sum then (ID,(NextStation(s2,sl),NextStation(s2,sl)),1,cl,r,((p,q),v0)) else (ID,(s1,s2),i + 1,cl,r,((p,q),v0)) else (ID,(s1,s2),i,cl,r,((p,q),v0))	函数 MAExtend 基于行车许可的请求结果对列车当前的行车许可进行相应的延伸或缩短
	fun TSRNext(s1:STATION,s2:STATION,i,m,n:BlockNum,sum:BlockSum,sl:STATIONL,v:TSRValue) = if s1 = s2 then if i = sum then ((s2,NextStation(s2,sl)),(m,n),v)else ((s1,s2),(m,n),v) else ((s1,s2),(m,n),v);	函数 TSRNext 用于求解下一个临时限速信息
	fun Ok(s:Ten0,r:Ten1) = (r< =s);	函数 Ok 通过两个随机数,控制某一中情况发生的概率
	fun ListUnpack((ID,(s1,s2),i,sum)::tcl:TCStateL) = iftcl = [ ] then [ ] else [(ID,(s1,s2),i,sum)]^^ListUnpack(tcl);	函数 ListUnpack 用于将一个列表颜色集拆分成单个元素
	fun SA(s1:STATION,s2:STATION,ID:TRAIN,sum:BlockSum) = if s1 = s2 then (ID,s2,(1,sum),3) else (ID,s2,(1,1),3);	车站进路办理

续上表

种类	声　明	含　义
自定义函数	fun CTCAdjust(ID:TRAIN,s1:STATION,s2:STATION) = if s1 = s2 then (ID,s2,3) else (ID,s1,0);	CTC 调度集中系统对列车的运行调整,由于在模型中更注重不同系统之间的信息交互情况,对列车运行调整的过程并不深究,因此,此处设置对需要做出运行调整的列车同一延迟 3min
	fun RouteSearch(s1:STATION,s2:STATION,rn:RouteNum,os:STATE,r::rl:RouteL) = if s1 = s2 then if r = (s2,1,free) then r else RouteSearch(s1,s2,rn,os,rl)else (s2,1,none);	搜索车站进路集中的空闲进路
	fun del(a,x::xs) = if x = a then xs else x::(del(a,xs));	查找列表中是否存在某一元素,若存在则删除
	fun RouteSearchR(s1:STATION,s2:STATION,rn:RouteNum,os:STATE,rl:RouteL) = if RouteSearch(s1,s2,rn,os,rl) = (s2,1,none) then rl else del(Route Search(s1,s2,rn,os,rl),rl);	车站进路状态更新
变量	var v0,v:TSRValue;	v0,v1 为临时限速值的变量
	var ra,ra1,ra2:Ten0;	ra,,ra1,ra2 为随机数的变量
	var ras,ras1,ras2:Ten1;	ras,ras1,ras2 为随机数的变量
	var fbs:FreeBlockSum;	fbs 为空闲闭塞分区总数的变量
	var tre,tre2,tre3:TSResult;	ter,tre2,tre3 为临时限速实施反馈结果的变量
	var sre:SAResult;	sre 为进路请求结果的变量
	var os:STATE;	os 为进路状态变量
	var d:DELAY;	d 为列车运行调整命令中列车延迟的变量
	var tcl:TCStateL;	tcl 为列车运行状态变量
	var rn:RouteNum;	rn 为车站进路编号的变量
	var rl:RouteL;	rl 为车站进路信息集的变量
	var s,s1,s2:STATION;	s,s1,s2 为车站的变量
	var ID:TRAIN;	ID 为列车编号的变量
	var sl:STATIONL;	sl 为列车运行计划的变量
	var i,j,m,n,p,q:BlockNum;	i,j,m,n,p,q 为闭塞分区编号的变量
	var sum:BlockSum;	sum 为闭塞分区总数的变量
	var re:MAResult;	re 为行车许可请求结果的变量
	var cl:CTCSLevel;	cl 为列控等级的变量
	var r:RBCNum;	r 为 RBC 编号的变量

附录 2　初始模型变迁列表及其含义

初始模型变迁及其含义见附表 2-1。

初始模型变迁及其含义　　附表 2-1

子模块名称	变 迁 名 称	含　　义
Main	MAR	新的行车许可生成过程
	MAE	依据新的行车许可请求结果,向前延伸行车许可,指导列车运行,得到新的 new_location 信息
MAE	MAExtend	行车许可延伸
	Switch_C3	列控模式从 CTCS-2 模式转换到 CTCS-3 模式
	Switch_C2	列控模式从 CTCS-3 模式转换为 CTCS-2 模式
	SwitchT	列车运行过程中收到应答器从 C3 转 C2 的等级转换信息
	SwitchGF	列车运行过程中由于 GSM-R 无线传输故障引发从 C3 转 C2 的等级转换
	GSM-Rbug	GSM-R 无线传输故障
	SwitchRF	列车运行过程中由于 RBC 连接故障引发从 C3 转 C2 的等级转换
	RBCFailure	RBC 连接故障
	SwitchR	相邻 RBC 对列车的控制交接
MAR	CopyLocation	复制列车 new_location 内的相关信息,用于当前列控系统和备用系统(即 C3 和 C2)同时各自独立地产生行车曲线
	CTCS2	C2 模式下行车许可延伸过程
	CTCS3	C3 模式下行车许可延伸过程
	TSR	列车临时限速实现过程
	CTC	调度指挥对列车运行过程监督、调整的过程
	CBI	计算机联锁对列车运行过程中的进路控制过程
	UNPACK	将列表颜色集拆分成积颜色集的过程
	select	依据当前的列控模式,选择相应模式下的行车许可延伸结果,指导行车
	judge	对比新的行车许可延伸结果与当前行车许可,最终生成新的行车许可结果
CTCS2	RouteReq	C2 下车站进路请求
	NewTSR	C2 下施加临时限速
	TSRComplete2	C2 下临时限速实施情况反馈
	SetInterior	C2 下区间内的行车许可延伸
	StaInterior	C2 下车站内的行车许可延伸
CTCS3	Unpack1	将列表颜色集拆分成积颜色集的过程
	SAExtend	根据进路请求结果延伸进路行车许可

续上表

子模块名称	变迁名称	含　义
CTCS3	TSRComplete3	C3 下向 TSR 反馈临时限速实施结果
	InfTrans	C3 下向 CTC 传输列车相关信息
	SAReq	C3 下向联锁请求进路
TSR	TSRCompleted	收集来自 C2 和 C3 的临时限速实施反馈结果
	TSRConfirm	根据当前列车位置,确认临时限速相关信息,提交 CTC 审核确认
	NewTSR	根据列车当前位置,确认前方临时限速情况,生成临时限速命令
CBI	CBIRoute2	联锁向 C2 模式下进路请求处理
	pack/pack0	将集颜色集打包成列表颜色集
	Unpack/Unpack0	将列表颜色集拆分成积颜色集
	CBInfTrans	联锁向 CTC 传输进路办理情况、轨道电路占用情况等信息
	CNIRoute3	联锁对 C3 模式下进路请求处理
CTC	CTCConfirm	CTC 审核确认临时限速信息
	CTCSupervise	CTC 监督列车实时信息、联锁进路办理信息、轨道电路占用信息等
	CTCAdjust	CTC 依据实际运行情况作出列车运行调整

附录 3 初始模型库所列表及其含义

初始模型库所及其含义见附表 3-1。

初始模型库所及其含义 附表 3-1

子模块名称	库所名称	含义
Main	new_location	列车相关信息,包括车站或区间、列控等级、RBC 信息、列车当前运行速度等
	new_MA	列控系统收到的行车许可延伸结果
	BlockSumD	作用效果等同于一个数据库,存储各区间内闭塞分区总数信息
	PLAN	作用效果等同于一个数据库,存储列车运行计划,此处主要是指列车顺次经过的车站名称
MAE	C2ToC3	应答器传输列控从 C2 转 C3 的等级转换信息
	C3ToC2	列控收到的列车从 C3 转 C2 的等级转换信息
	SwitchTrsP	应答器传输列控从 C3 转 C2 的等级转换信息
	GSM-Rfailure	GSM-R 无线传输出现故障
	RandomNum2	产生随机数,用于控制 GSM-R 故障概率
	SwitchRT	应答器传输 RBC 切换相关信息
	RandomNum1	产生随机数,用于控制 RBC 切换成功的概率
MAR	NewLocation1	用于 C2 模式下行车许可延伸的列车相关信息
	NewLocation2	用于 C3 模式下行车许可延伸的列车相关信息
	Set	列车当前所在区间和闭塞分区
	TSR2	向 C2 内的 TCC 传输当前临时限速信息
	result2	C2 临时限速信息实施结果反馈
	TSR3	向 C3 内的 RBC 传输当前闭塞分区的临时限速信息
	result3	C3 临时限速信息实施结果反馈
	confirm	TSR 服务器存储的临时限速信息提交 CTC 审核确认
	conresult	CTC 对相关临时限速信息的审核确认结果
	TSRS	作用效果等同于一个数据库,用于存储所有的临时限速信息
	TrState	C3 模式实现车地双向传输,车向 CTC 实时传输列车相关信息
	SAR	C3 模式下列车向计算机联锁系统请求进路信息
	SA3	计算机联锁向 C3 反馈的进路请求结果
	TCStateL1	联锁向 C3 模式下 RBC 传输轨道电路占用信息
	RouteList	作用效果等同于一个数据库,用于存储当前车站内进路的相关信息
	SA2	联锁向 C2 模式发送进路许可信息

续上表

子模块名称	库所名称	含　义
MAR	TCStateL	用列表颜色集存储的轨道电路占用信息
	TCState	用积颜色集存储的轨道电路占用信息
	Estate	联锁向 CTC 传输的轨道电路占用信息、进路办理相关信息
	order	CTC 向联锁传输列车运行调整状况,通过控制车站进路办理时间,实现列车运行调整控制
	NewMA2	C2 模式下生成的行车许可结果
	NewMA3	C3 模式下生成的行车许可结果
	MA	最终确定的用于控制行车的行车许可延伸结果
CTCS2	—	—
CTCS3	TCState1	用积颜色集存储的轨道电路占用信息
TSR	TSRfinished	用于存储已经实施的临时限速相关信息
	BlockSumD1	作用效果等同于 BlockSumD
	StaList	作用效果等同于 PLAN
CBI	TCState0	用积颜色集存储的轨道电路占用信息
	Route	进路信息
CTC	TSRGather	CTC 处审核确认的临时限速相关信息
	LiveInfo	CTC 处收集的现场实时信息
	RandomNum	产生随机数,用于控制 CTC 下达运行调整命令的概率

附录 4　变形后的结构模型

变形后的结构模型如附图 4-1 ~ 附图 4-8 所示。

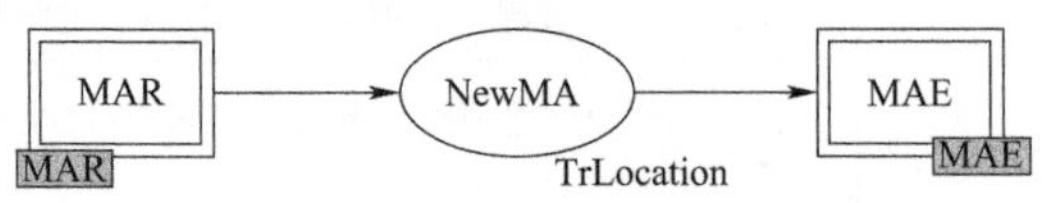

附图 4-1　main 模型

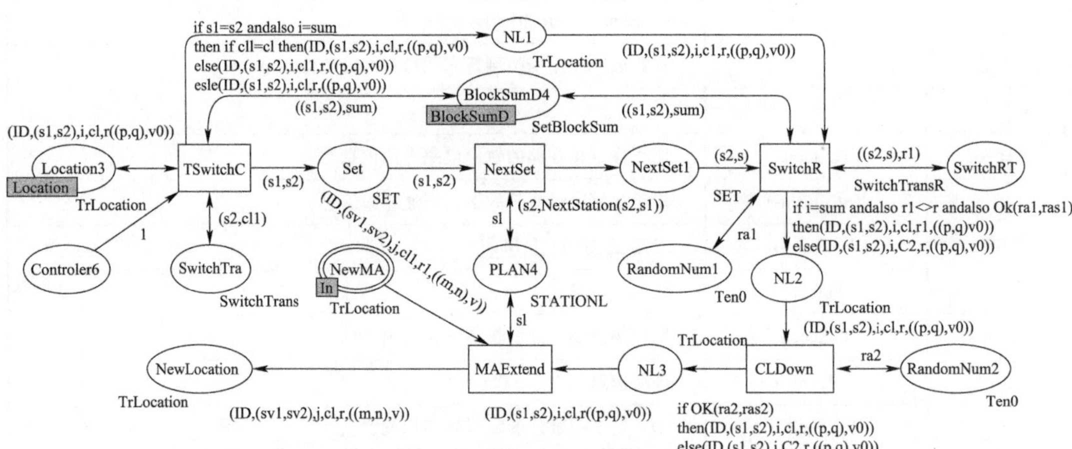

附图 4-2　MAE 子模型

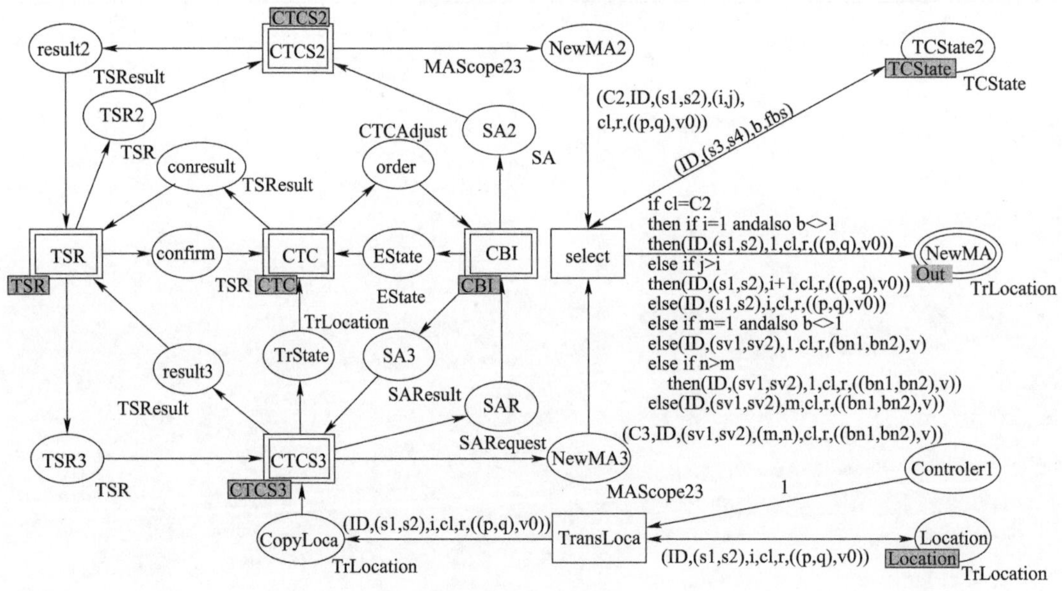

附图 4-3　MAR 子模型

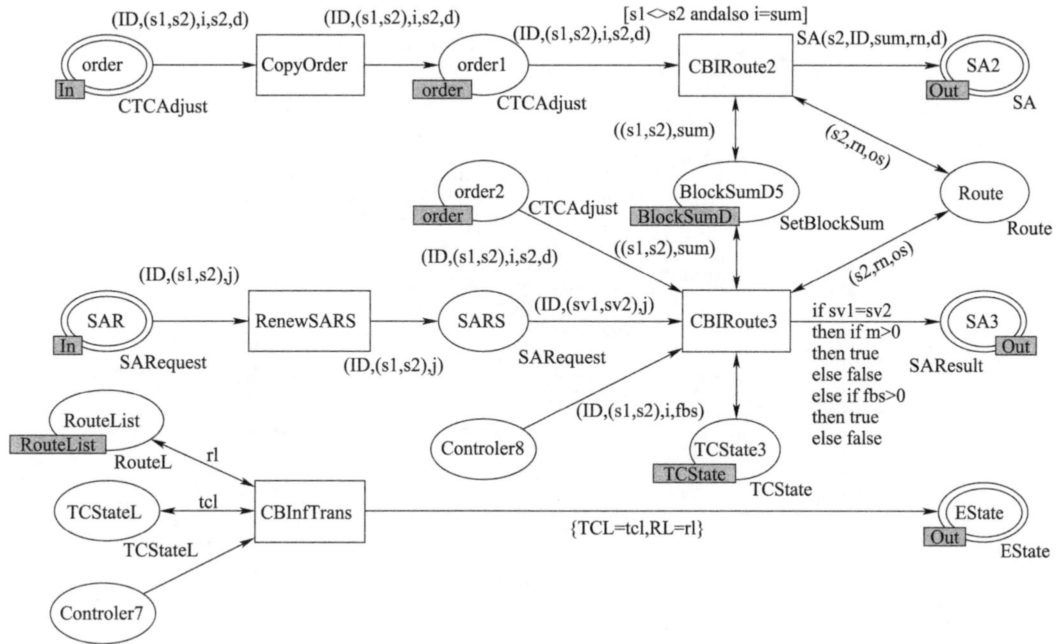

附图 4-4　CBI 子模型

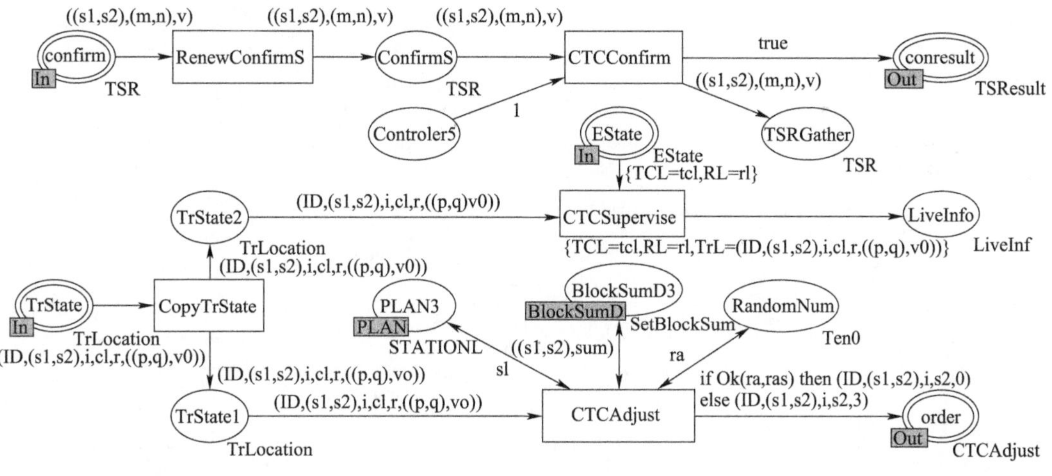

附图 4-5　CTC 子模型

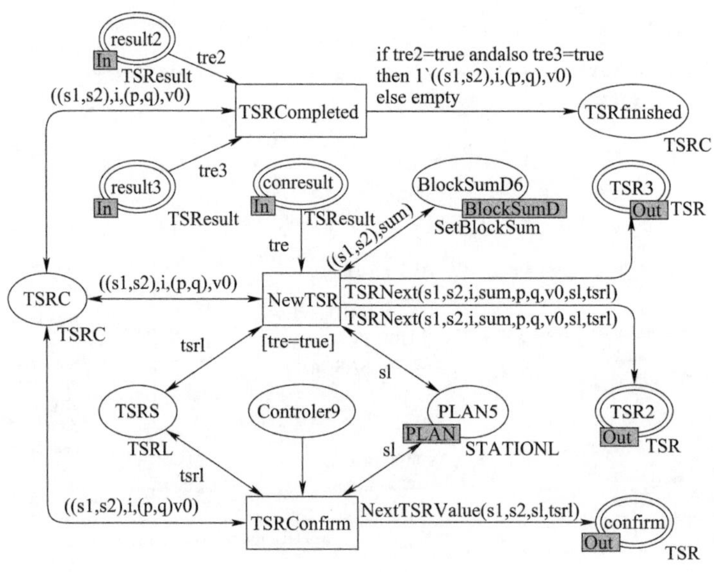

附图 4-6　TSR 子模型

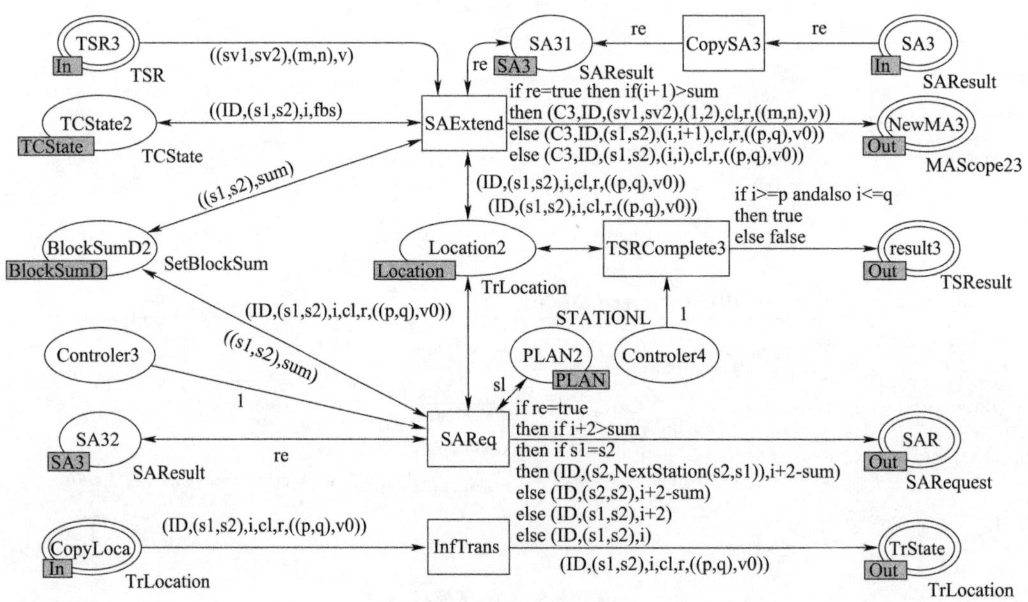

附图 4-7　CTCS3 子模型

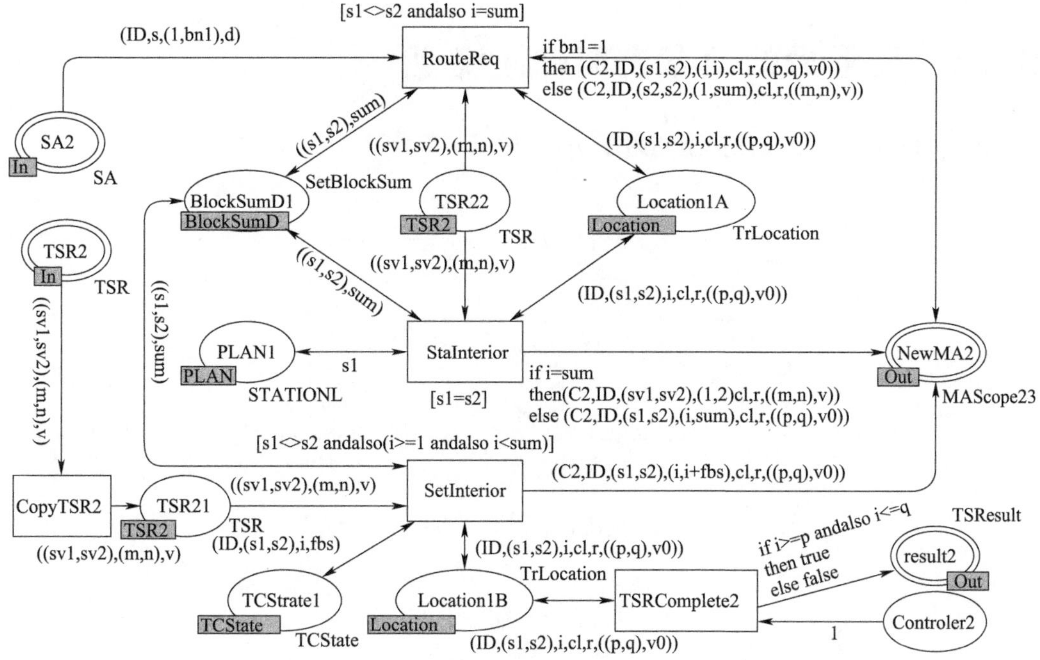

附图 4-8　CTCS2 子模型

附录 5　变形后的动态模糊脆性模型

变形后的动态模糊脆性模型如附图 5-1 ~ 附图 5-9 所示。

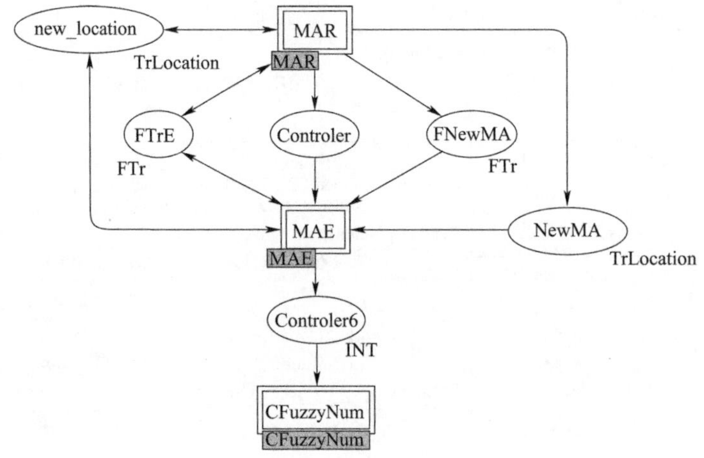

附图 5-1　main 模型

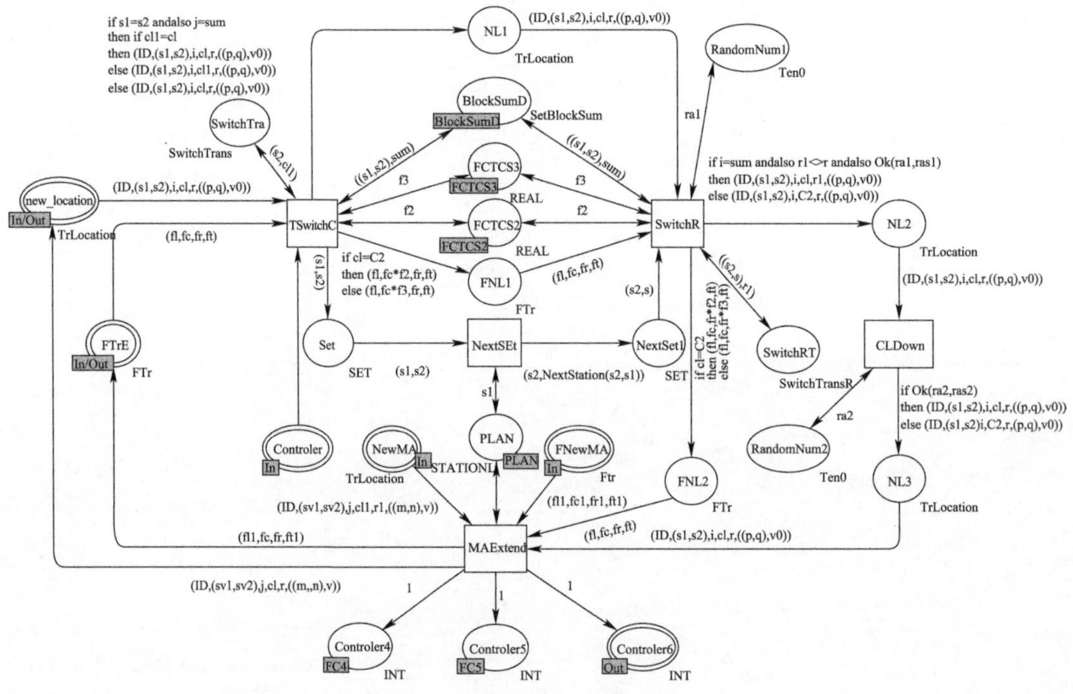

附图 5-2　MAE 子模型

RouteList
judge
FCTCS2
FCTCS3
Controler
FNewMA
NewMA
FTCState
NewState
BlockSumD
TCStateL
NewTCState
Controler05
NewTCStateL
RandomNum3
FMA
MA
TCState2
select
FNewMA2
NewMA2
NewMA3
FNewMA3
CBI
FSA2
SA2
Forder
order
FEState
EState
SA3
FSA3
SAR
FSAR
CTCS2
CTC
CTCS3
FTrState
TrState
FTSR2
conresult
Fconresult
confirm
Fconfirm
result3
TSR2
result2
Fresult3
TSR
TSR3
Fresult2
TSRC
FLT
FTSR3
NewLocation1
NewLocation2
CopyLocation
FTrE1
FTrE2
Controler2
new_location
FTrE

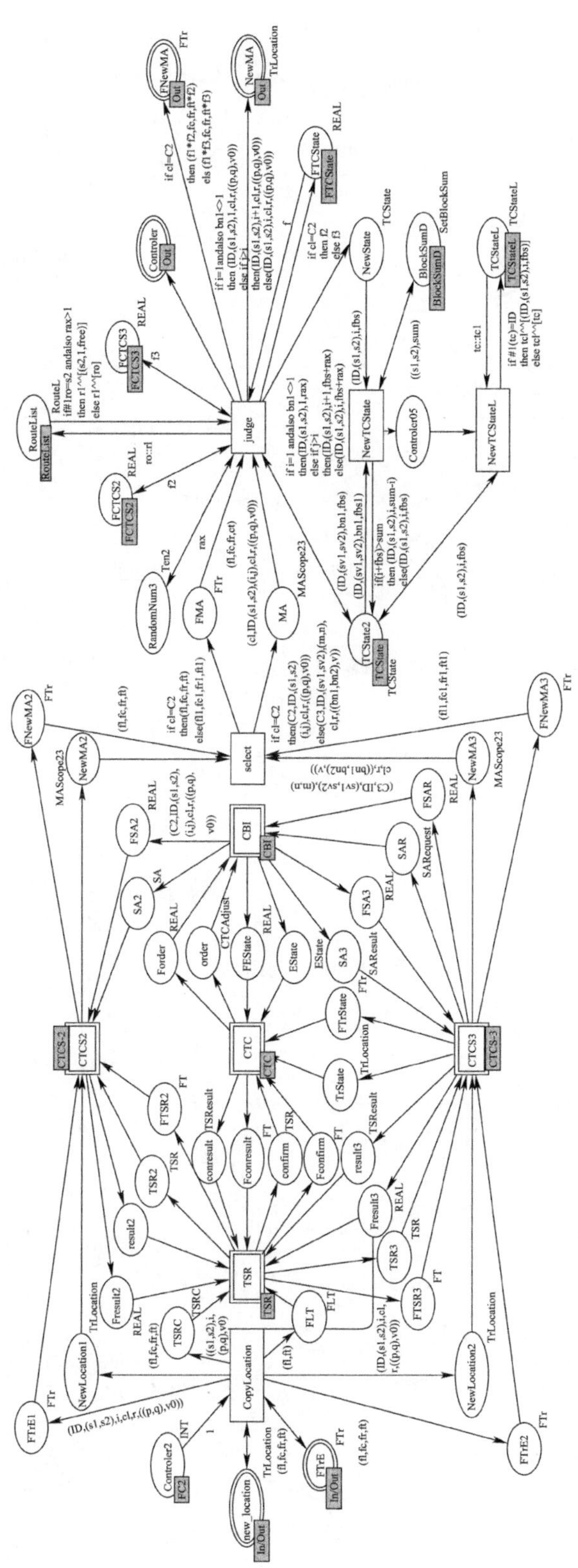

附图5-3 MAR子模型

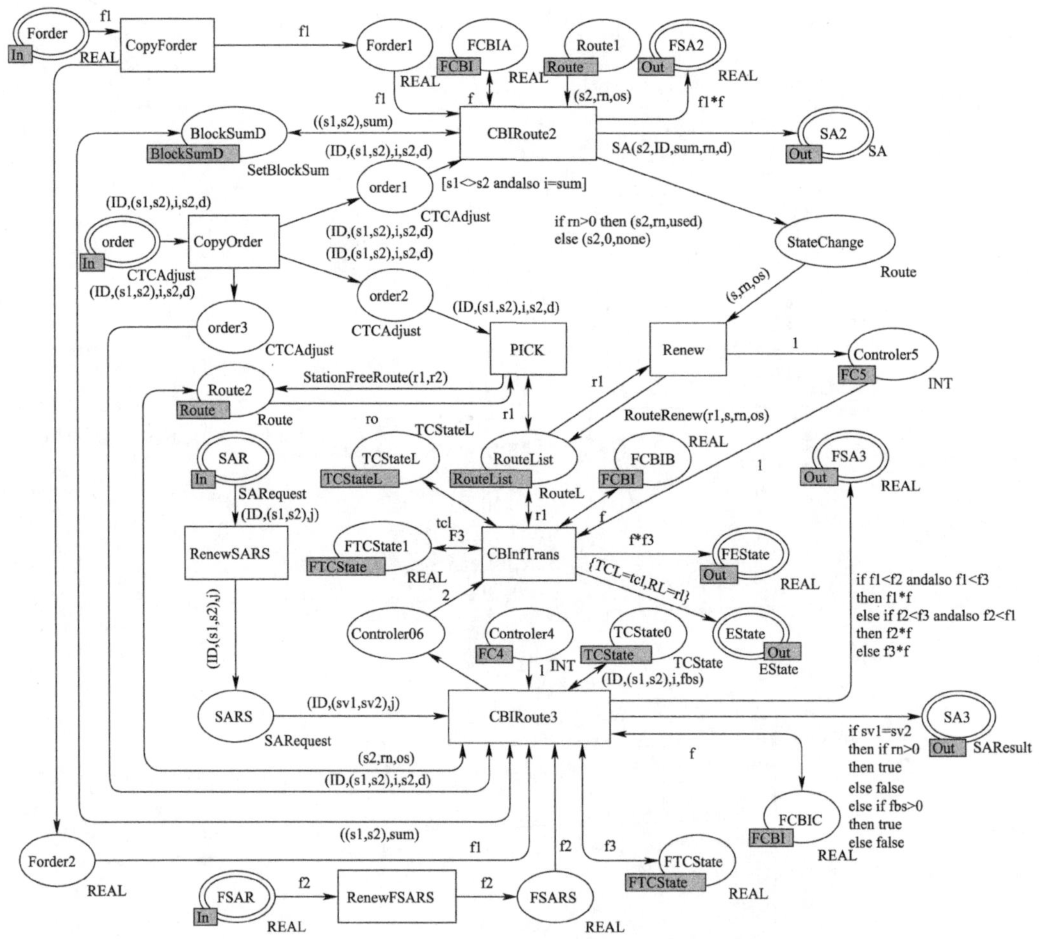

附图 5-4　CBI 子模型

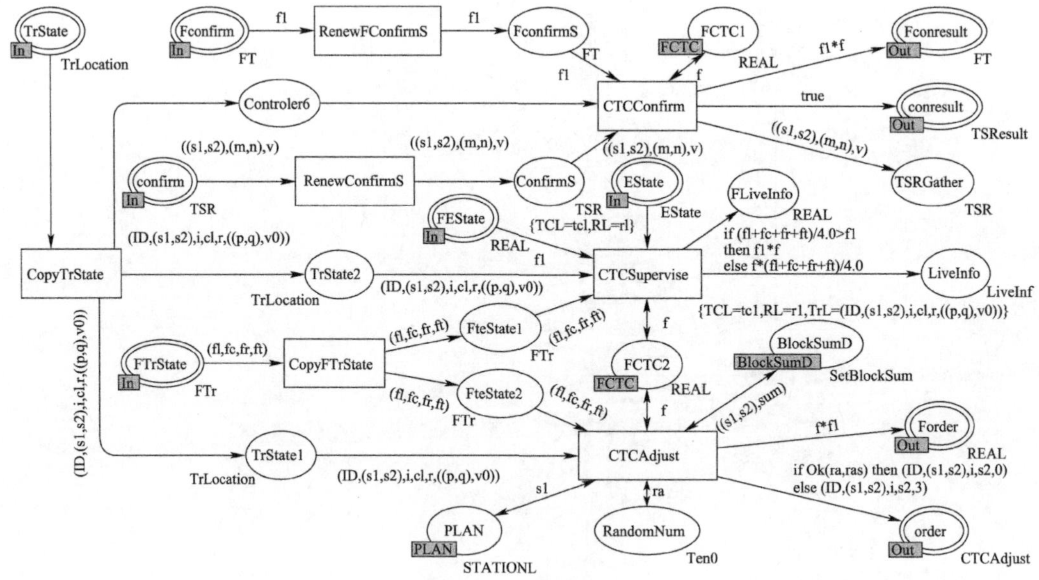

附图 5-5　CTC 子模型

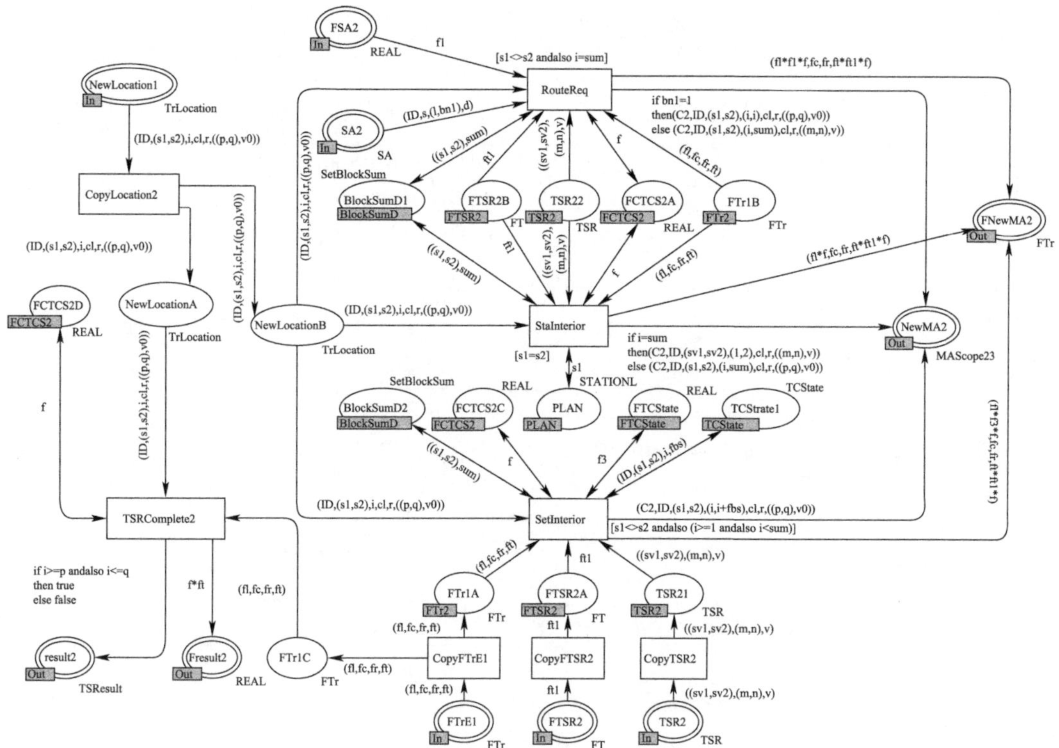

附图 5-6　CTCS2 子模型

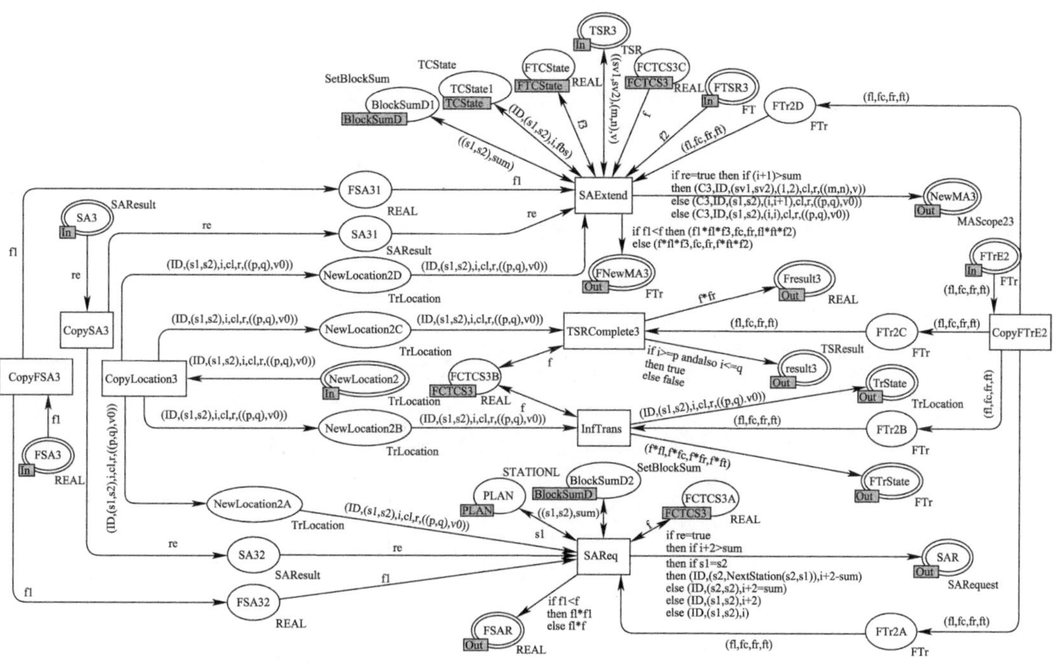

附图 5-7　CTCS3 子模型

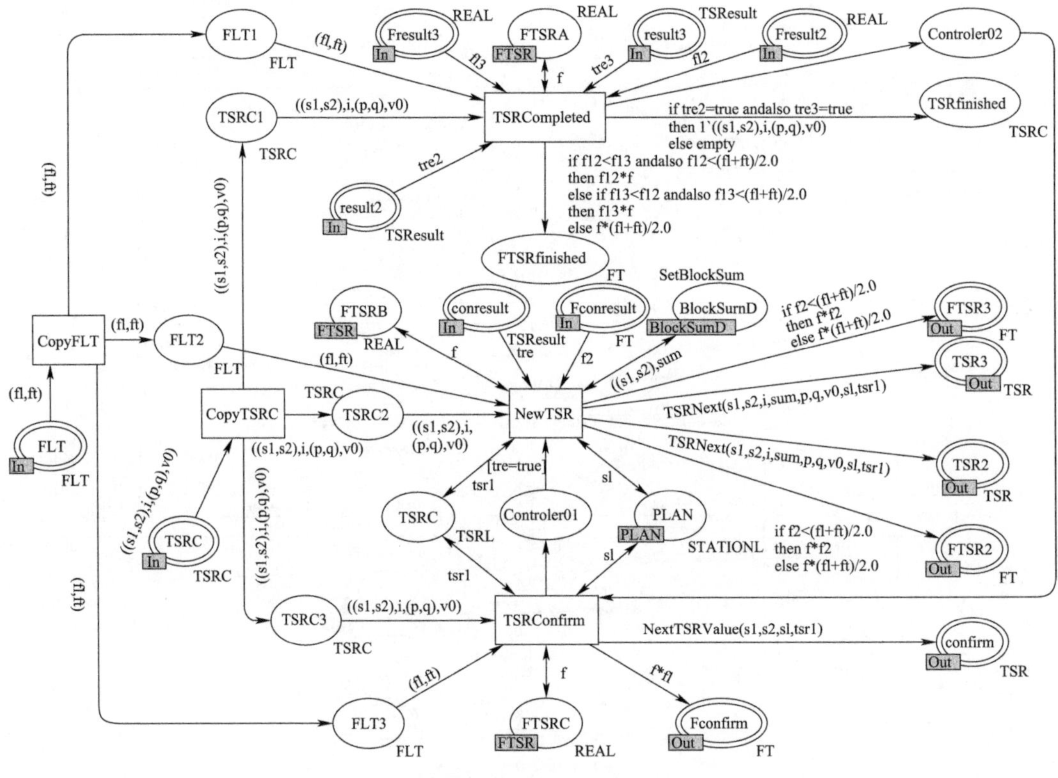

附图 5-8　TSR 子模型

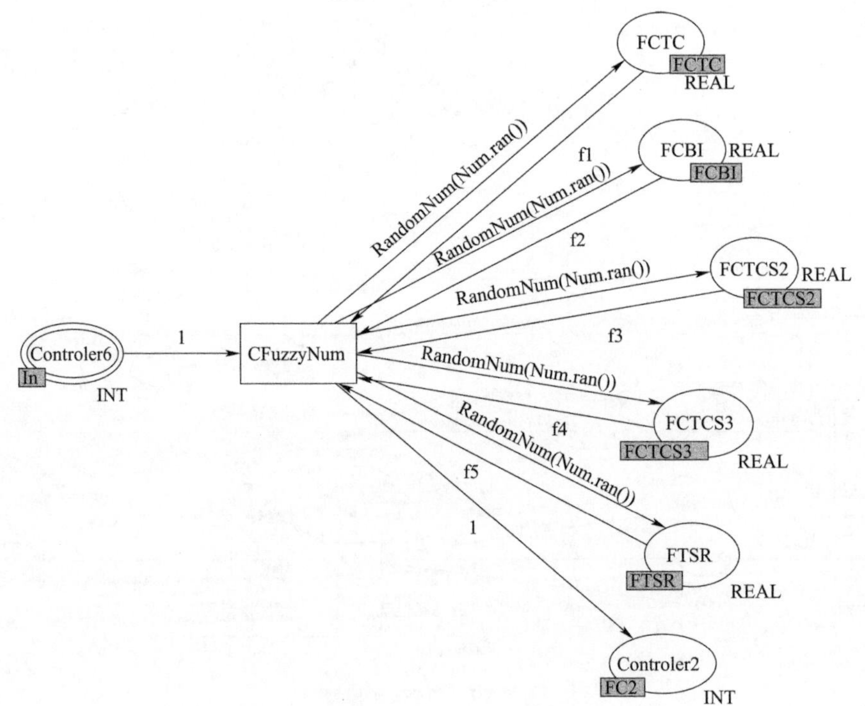

附图 5-9　CFuzzyNum 子模型

参考文献

[1] 彭其渊,李建光,杨宇翔,等. 高速铁路建设对我国铁路运输的影响[J]. 西南交通大学学报,2016,51(03):525-533.

[2] 任璐. 高速铁路行车调度风险预警系统设计[D]. 成都:西南交通大学,2016.

[3] 宋晓丽,蔡涛,王振一. 基于大数据的高速铁路调度指挥系统平台研究[J]. 铁道运输与经济,2018,40(07):58-62.

[4] 赵随海. 铁路列车调度指挥系统数据仓库体系结构的研究[J]. 铁道运输与经济,2018,40(12):55-59.

[5] 文超. 高速铁路列车运行冲突管理研究[D]. 成都:西南交通大学,2012.

[6] WEN C,LI J G,PENG Q Y,et al. Predicting high-speed train operation conflicts using workflow nets and triangular fuzzy numbers[J]. Proceedings of the Institution of Mechanical Engineers Part F Journal of Rail and Rapid Transit,2015,229(3):268-279.

[7] 文超,杨雄,黄平,等. 铁路列车运行冲突检测与消解理论研究综述[J]. 中国安全科学学报,2018,28(S2):66-73.

[8] 钟明轩,乐逸祥,周磊山. 高铁站列车和调车作业计划一体化编制方法[J]. 交通运输系统工程与信息,2021,21(03):176-186.

[9] 陈然,周磊山,乐逸祥,等. 基于专家系统的网络化动车组运用计划的编制[J]. 中国铁道科学,2016,37(01):108-116.

[10] 郭彬,周磊山,唐金金,等. 高速铁路大站作业计划鲁棒性链式优化研究[J]. 铁道学报,2017,39(07):10-17.

[11] 王普. 大数据分析驱动的高速铁路应急管理关键技术研究[D]. 北京:中国铁道科学研究院,2019.

[12] 高磊. 铁路调度集中区段行车指挥安全风险管控对策研究[J]. 铁道运输与经济,2017,39(05):59-63.

[13] 王兴中,王振东,王涛,等. 铁路调度指挥系统故障诊断方法[J]. 中国铁道科学,2011,32(6):119-124.

[14] FAY A. A fuzzy knowledge-based system for railway traffic control[J]. Engineering Applications of Artificial Intelligence,2000,13(6):719-729.

[15] MAZZARELLO M,OTTAVIANI E. A traffic management system for real-time traffic optimisation in railways[J]. Transportation Research Part B Methodological,2007,41(2):246-274.

[16] BLUM J,ESKANDARIAN A. Enhancing intelligent agent collaboration for flow optimization of railroad traffic[J]. Transportation Research Part A Policy & Practice,2002,36(10):919-930.

[17] CAREY M,CARVILLE S. Scheduling and platforming trains at busy complex stations[J]. Transportation Research Part A Policy & Practice,2003,37(3):195-224.

[18] WALKER C G,SNOWDON J N,RYAN D M. Simultaneous disruption recovery of a train timetable and crew roster in real time[J]. Computers & Operations Research,2005,32(8):2077-2094.

[19] 王卓,王艳辉,贾利民,等. 基于 ANFIS 的高速列车制动控制仿真研究[J]. 铁道学报,2005,27(3):113-117.

[20] 邵华平,贾利民,覃征. 基于计算机技术的一体化列车运行智能控制系统[J]. 中国铁道科学,2004,25(1):56-61.

[21] 余进,钱清泉,何正友.两级模糊神经网络在高速列车 ATO 系统中的应用研究[J].铁道学报,2008,30(5):52-56.

[22] 谭耿.基于 UPPAAL 的 RBC 系统控车流程建模分析[D].北京:北京交通大学,2008.

[23] 耿鹏.基于安全状态机的 RBC 系统行车许可模块的建模与验证[D].北京:北京交通大学,2009.

[24] 童超.基于时间自动机的 RBC 控车流程研究[D].成都:西南交通大学,2009.

[25] 曹源,唐涛,罗丹,等.列车运行控制系统设计正确性的验证方法[J].西南交通大学学报,2010,45(4):574-579.

[26] 曹源,唐涛,徐田华,等.形式化方法在列车运行控制系统中的应用[J].交通运输工程学报,2010(1):112-126.

[27] 陆陆,徐正国,王文海,等.列车运行控制系统故障诊断方法研究[J].铁道通信信号,2010,46(5):44-46.

[28] 银益辉,雷成健,刘泽.ATO 设备故障时列车全自动运行技术方案研究[J].控制与信息技术,2021(06):30-34.DOI:10.13889/j.issn.2096-5427.2021.06.004.

[29] PETIT W A. Interoperable positive train control: Existing safety-critical architectures[J]. IEEE Vehicular Technology Magazine,2009,4(4):27-34.

[30] BANTIN C C,SIU J. Designing a secure data communications system for automatic train control[J]. Proceedings of the Institution of Mechanical Engineers Part F Journal of Rail & Rapid Transit,2011,225(225):395-402.

[31] SINHA P. Architectural design and reliability analysis of a fail-operational brake-by-wire system from ISO 26262 perspectives[J]. Reliability Engineering [&] System Safety,2011,96(10):1349-1359.

[32] 于勇.基于状态推理的全电子铁路信号计算机联锁故障诊断[J].自动化与仪器仪表,2021(09):54-57+61.

[33] 王月太,吴文艾,高贤辉.基于动态故障树的车站计算机联锁系统冗余结构可靠性研究[J].自动化与仪器仪表,2021(04):31-34.

[34] 吴琼,鲁剑锋,杨璘,等.计算机联锁与高铁信号仿真测试平台的接口和测试技术研究[J].铁道通信信号,2021,57(03):37-41.

[35] 李雅美,魏文军.基于模糊神经网络的道岔故障诊断系统研究[J].铁路计算机应用,2012,21(1):35-39.

[36] TARNAI G. Safety Verification for Train Traffic Control Communications[J]. IEEE Journal on Selected Areas in Communications,1986,4(7):1118-1120.

[37] MIRABADI A,YAZDI M B. Automatic generation and verification of railway interlocking control tables using FSM and NuSMV[J]. Transport Problems An International Scientific Journal,2009,4(1).

[38] ENDRESEN J,CARLSON E,MOEN T,et al. Train control language-teaching computers interlocking[J]. International Journal of Tuberculosis & Lung Disease the Official Journal of the International Union Against Tuberculosis & Lung Disease,2008,15(4):651-660.

[39] 沈小燕,肖丹蕾,魏珊珊,等.基于 FTA-BN 的危险货物道路运输事故分析[J/OL].安全与环境学报:1-9[2022-02-14].

[40] 黄铮,肖龙飞,刘雨,等.基于故障树的沉船整体打捞系统失效风险分析[J].船舶工程,2021,43(08):175-183.DOI:10.13788/j.cnki.cbgc.2021.08.27.

[41] 陈农田,李俊辉.基于 TFF-FTA 方法的飞行进近着陆事故致险因素分析[J].安全与环境学报,2021,21(05):2101-2106.

[42] 吴耀男,林雷,任新温,等.一种基于逻辑结构数的改进型 FMEA 方法[J].中国安全科学学报,2021,31(10):97-104.

[43] 杜振国,罗鹏程,厉海涛,等.基于动态事件树的安全风险分析方法[J].科学技术与工程,2011(22):

5264-5269.
[44] 周忠宝,马超群,周经伦,等.基于动态贝叶斯网络的动态故障树分析[J].系统工程理论与实践,2008(02):35-42.
[45] PARK G P,HEO J H,LEE S S,et al. Generalized Reliability Centered Maintenance Modeling Through Modified Semi-Markov Chain in Power System[J]. Journal of Electrical Engineering & Technology,2011,6(1):25-31.
[46] LEFEBVRE D. Design and time parameters identification for non-Markovian Petri net models:application to reliability analysis[J]. Proceedings of the Institution of Mechanical Engineers Part O Journal of Risk & Reliability,2011,225(225):1-18.
[47] RIZAL D,TANI S,NISHIYAMA K,et al. Safety and reliability analysis in a polyvinyl chloride,batch process using dynamic simulator-case study:Loss of containment incident[J]. Journal of Hazardous Materials,2006,137(3):1309-1320.
[48] ZHOU Q,DAVIDSON J,FOUAD A A. Application of artificial neural networks in power system security and vulnerability assessment[J]. IEEE Transactions on Power Systems,1994,9(1):525-532.
[49] HOLME P,KIM B J,YOON C N,et al. Attack vulnerability of complex networks. [J]. Physical Review E Statistical Nonlinear & Soft Matter Physics,2002,65(5):634-634.
[50] CARRERAS B A,LYNCH V E,DOBSON I,et al. Dynamical and Probabilistic Approaches to the Study of Blackout Vulnerability of the Power Transmission Grid[C]// Proceedings of the,Hawaii International Conference on System Sciences. IEEE Computer Society,2004:20055b.
[51] 金鸿章,韦琦,郭健,等.复杂系统的脆性理论及应用[M].西安:西北工业大学出版社,等,2010.
[52] 韦琦,金鸿章,姚绪梁,等.基于脆性的复杂系统崩溃的初探[J].哈尔滨工程大学学报,2003,24(2):161-165.
[53] 韦琦,金鸿章,郭健.基于脆性联系熵的复杂系统崩溃致因研究[J].自动化技术与应用,2003,22(4):1-4.
[54] 金鸿章,闫丽梅,徐建军.基于FAHP的复杂系统的脆性过程分析[J].系统工程,2004,22(6):1-4.
[55] 荣盘祥,王继尧,金鸿章.复杂系统的脆性与系统演化分析[J].电机与控制学报,2004,8(2):142-144.
[56] 李琦,金鸿章,林德明.复杂系统的脆性模型及分析方法[J].系统工程,2005,23(1):9-12.
[57] 荣盘祥,金鸿章,韦琦,等.基于脆性联系熵的复杂系统特性的研究[J].电机与控制学报,2005,9(2):111-115.
[58] 金鸿章,李琦,吴红梅.基于脆性因子的复杂系统脆性分析[J].哈尔滨工程大学学报,2005,26(6):739-743.
[59] 闫丽梅,金鸿章,荣盘祥,等.系统脆性及其脆性源[J].哈尔滨工程大学学报,2006,27(2):223-226.
[60] 王辉,金鸿章.可修复复杂系统脆性故障的研究[J].数学的实践与认识,2007,37(19):105-112.
[61] 王茗倩,王辉,金鸿章.无储备可修复子系统脆性故障的研究[J].哈尔滨师范大学自然科学学报,2007,23(3):7-10.
[62] 吴红梅,金鸿章,林德明,等.复杂系统脆性理论的风险分析[J].系统工程与电子技术,2008,30(10):2019-2022.
[63] 吴红梅,金鸿章.基于熵理论复杂系统的脆性[J].中南大学学报(自然科学版),2009(s1):347-351.
[64] 汪送,王瑛.基于脆性结构崩溃的复杂系统安全事故致因分析[J].中国安全科学学报,2011,21(5):138-142.
[65] 郭君,刘清.基于突变理论的航运事故发生机理[J].水运管理,2008,30(4):25-28.
[66] 郭健.突变理论在复杂系统脆性理论研究中的应用[D].哈尔滨:哈尔滨工程大学,2004.
[67] 黎夏,叶嘉安,刘小平,等.地理模拟系统:元胞自动机与多智能体[M].北京:科学出版社,2007.

[68] 林德明,金鸿章,吴红梅,等.基于蚁群算法的复杂系统脆性研究[J].系统工程与电子技术,2008,30(4):743-747.

[69] 闫丽梅,徐建军,许爱华,等.基于临界自组织理论的电力系统脆性分析[J].西北农林科技大学学报:自然科学版,2006,34(12):231-234.

[70] 林德明,金鸿章,薛萍,等.基于适应性 Agent 图的交通系统脆性研究[J].系统仿真学报,2008,20(3):733-737.

[71] 许春梅,孙秉珍.基于有序熵的快递系统可靠性评价模型与方法[J/OL].计算机工程与应用:1-9[2022-02-14].http://kns.cnki.net/kcms/detail/11.2127.TP.20210419.1338.033.html.

[72] 曹伟.供应链复杂系统脆性传播模型与管控方法研究[D].北京:北京交通大学,2020.DOI:10.26944/d.cnki.gbfju.2020.000270.

[73] 刘雪.基于网络脆性分析的交通控制方法研究[D].长春:吉林大学,2020.DOI:10.27162/d.cnki.gjlin.2020.000461.

[74] 王喆.海上危化品运输系统脆性研究[D].大连:大连海事大学,2020.DOI:10.26989/d.cnki.gdlhu.2020.000376.

[75] 张颖,沈曦,黎其浩,梁智,等.基于马尔可夫逻辑树和系统脆性分析的智慧变电站协议延迟攻击检测与恢复模型[J].电力系统保护与控制,2020,48(03):113-121.

[76] 尹相达,李先强,赵学军,等.基于复杂系统脆性的商渔船碰撞事故分析[J].中国航海,2019,42(03):62-66.

[77] 熊国强,张毅.考虑情绪因素的城市拆迁 RDEU 博弈模型与系统脆性分析[J].运筹与管理,2019,28(09):99-106.

[78] SMITH K,VULNERABILITY. Resilience and the collapse of socieiy:A review of models and possible climatic applications. Peter Timmerman,Environmental Monograph No. 1,Institute for Environmental Studies,University of Toronto,1981,No. of pages:42. Price: $ 7.50p[M]// Basic statistical analysis /. Prentice-Hall,1987:2066-2076.

[79] 李鹤,张平宇,程叶青.脆弱性的概念及其评价方法[J].地理科学进展,2008,27(2):18-25.

[80] 曹一家,刘美君,丁理杰,等.大电网安全性评估的系统复杂性理论研究[J].电力系统及其自动化学报,2007,19(1):1-8.

[81] 段晓东,王存睿,刘向东.元胞自动机理论研究及其仿真应用[M].北京:科学出版社,2012.

[82] 董华,杨卫波.事故和灾害预测中的突变模型[J].地质灾害与环境保护,2003,14(3):39-44.

[83] 袁崇义.Petri 网原理与应用[M].北京:电子工业出版社,2005.

[84] AALST W M P,STAHL C. Modeling Business Processes:A Petri Net Oriented Approach[C]// Telecommunications (ConTEL),2013 12th International Conference on. IEEE,2011:5-10.

[85] WESTERGAARD M,KRISTENSEN L M,BRODAL G S,et al. The ComBack Method-Extending Hash Compaction with Backtracking[M]// Petri Nets and Other Models of Concurrency-ICATPN 2007. 2007:445-464.

[86] JENSEN K. Condensed state spaces for symmetrical coloured Petri nets[J]. Formal Methods in System Design,1996,9(1-2):7-40.

[87] CHRISTENSEN S,KRISTENSEN L M,MAILUND T. A Sweep-Line Method for State Space Exploration[M]// Tools and Algorithms for the Construction and Analysis of Systems. Springer Berlin Heidelberg,2002:450-464.

[88] JENSEN K. Coloured Petri nets[J]. Lecture Notes in Computer Science,1993,176(12):248-299.

[89] 宁滨,唐涛,李开成,等.高速列车运行控制系统[M].北京:科学出版社,2012.

[90] 黄卫中,贾琨,刘人鹏.我国铁路CTCS-3级列控系统的分析与研究[J].铁道通信信号,2010,46(4):1-6.

[91] 刘宝宏.面向对象建模与仿真[M].北京:清华大学出版社,2011.

[92] WEN C,LI J,PENG Q,et al. Predicting high-speed train operation conflicts using workflow nets and triangular fuzzy numbers[J]. Proceedings of the Institution of Mechanical Engineers Part F Journal of Rail & Rapid Transit,2013,229(3):268-279.

[93] 中国铁路总公司.铁路信号集中监测系统应用与维护技术[M].北京:中国铁道出版社,2013.